COLLECTION FOLIO

J.-B. Pontalis

Avant

Gallimard

Jean-Bertrand Pontalis (1924-2013) fut membre de l'Association psychanalytique de France et l'auteur de nombreux essais et récits. Il a animé pendant vingt-cinq ans la *Nouvelle revue de psychanalyse*, a dirigé aux Éditions Gallimard deux collections, « Connaissance de l'inconscient » et « L'un et l'autre », avant de recevoir en 2011 le Grand Prix de littérature de l'Académie française pour l'ensemble de son œuvre.

À Vincent Delecroix

Quand ?

« C'était mieux avant. » Combien de fois cela s'impose à moi comme une évidence, en toutes sortes de circonstances. Exemples, pêle-mêle, dans le précieux désordre du sac de ma mémoire, un sac où, comme dans celui des femmes, sont enfouis le futile aux yeux des autres et l'indispensable à leurs propres yeux.

Quand j'allais à Roland-Garros assister à des matches de tennis et que les joueurs étaient vêtus de blanc, ne tendaient pas le poing comme pour assommer leur adversaire et que les spectateurs attentifs et silencieux ne vociféraient pas du haut de leurs gradins (déjà, je compare avec aujourd'hui).

Quand, voyageant en Toscane, je garais ma voiture à San Gimignano sur la place de la Cisterna en face de l'hôtel où je m'apprêtais à descendre et non dans un des parkings à l'extérieur du village (je compare encore).

Quand, au lycée, nous nous levions, mes camarades et moi, au moment où notre professeur pénétrait dans la classe et que nous attendions sagement qu'il nous autorise à nous asseoir.

Quand, à Venise, avec la femme qui m'accompagnait, nous ne croisions guère que des Vénitiens.

Quand, voyageant en Espagne, nous – ce pouvait être une autre femme – débarquions à l'improviste dans des hôtels de province et qu'une cameriste avec son tablier blanc et sa petite coiffe nous menait dans une chambre où trônait un grand lit et que nous nous empressions d'enlever l'étoffe en dentelle qui le recouvrait.

Quand, l'été, des parties de croquet sur la pelouse donnaient lieu à des contestations interminables avant que les amis et moi n'allions sur la plage où sautaient des poux de mer. La plage était déserte, l'eau froide, les maillots en laine mettaient des heures à sécher.

Quand, sur la même plage de l'été, je découvris qu'une petite fille n'était pas un petit garçon.

Quand, à Paris, je pouvais me promener avec mon chien bien-aimé sans le tenir en laisse et l'emmener courir joyeusement aux Tuileries ou dans le jardin du Luxembourg – là, j'en suis moins sûr.

Quand je pouvais fumer partout si l'envie m'en prenait.

Quand je tombais amoureux et cessais de l'être sans avoir la moindre idée dans les deux cas de ce qui m'arrivait.

Quand il n'y avait pas de verrou derrière la porte de mon appartement, pas même de clé pour l'ouvrir et que les amis pouvaient y entrer librement et boire un verre en attendant mon retour.

Quand, au volant de ma 4 CV, je pouvais rejoindre la terrasse d'un restaurant à l'autre bout de Paris en dix minutes.

Quand mon père était à mes côtés.

Quand tous mes amis, quand tous ceux que j'aimais, étaient vivants.

Quand je courais vers la boulangerie pour m'acheter un petit pain au chocolat au lieu de marcher à petits pas vers la pharmacie pour me procurer un médicament.

Quand j'ignorais ce qu'était une insomnie.

Quand je trouvais mes héros dans les livres et que, me confondant avec eux, je changeais d'identité et que celle que je croyais être la mienne n'avait plus de limites.

Quand Sartre n'était pas célèbre et, au Flore, m'aidait à préparer un exposé (à dire vrai, il le faisait pour moi).

Quand Lacan, inspiré, nous entraînait dans la sinuosité de sa parole, apostrophant soudain son auditoire – nous étions à peine une centaine – et qu'il n'avait pas encore fabriqué de « lacaniens ».

Quand la psychanalyse était encore inventive ou même, dans un temps plus reculé, objet de scandale.

Quand on ne goûtait que des fruits « de saison ».

Quand j'appris à monter à bicyclette, puis à cheval, puis à conduire grâce à mon oncle qui n'hésitait pas à me passer le volant de son cabriolet.

Quand le médecin dit de famille se déplaçait à la maison pour un simple mal de gorge ou une légère bronchite et me prescrivait des cataplasmes à la farine de moutarde (j'aimais ressentir la chaleur sur ma poitrine, à la frontière de la brûlure).

Quand les autobus parisiens disposaient d'une plate-forme à l'air libre, que je courais pour l'atteindre et qu'avec un peu de chance je pouvais actionner la chaînette signalant le départ tandis que le receveur officiait dans le couloir.

Quand les policiers chargés de régler la circulation avec leur bâton blanc s'appelaient des sergents de ville ou des gardiens de la paix.

Quand le facteur ne s'appelait pas « préposé », l'instituteur, « professeur des écoles », les hommes et femmes de ménage, « techniciens de surface », l'épicier arabe du coin, « commerçant ethnique de proximité ».

Quand les cinémas dits permanents permettaient de voir deux films successivement ou le même s'il m'avait enchanté.

Quand j'allais danser au « Bal nègre » rue Blomet.

Quand, dans les rues voisines, je pouvais trouver un plombier, un cordonnier, un marchand de couleurs, et maintenant ce ne sont que des marchands de fringues et des agences bancaires (décidément, je n'échappe pas à la comparaison désavantageuse).

Quand le mot « Révolution » était porteur d'espoir.

Quand ma mère me donna une gifle, la seule que j'aie jamais reçue d'elle. Elle me reprochait de lire trop tard dans mon lit et je lui avais répondu insolemment – assez drôlement, à mon avis. Cette gifle eut deux effets : elle conforta mon goût pour la lecture et j'y vis une preuve que ma mère s'intéressait à moi, ce dont je doutais auparavant. Plus tard, j'ai reçu une autre gifle plus violente : celle d'une femme que j'avais dû blesser, peut-être en faisant l'éloge d'une autre femme, je ne sais plus. Dans cette gifle-là, je vis aussi une preuve d'attachement, et même d'amour. J'avais tort, la suite l'a montré : elle ne m'a plus jamais giflé.

Quand un prêtre me convainquit que j'avais une âme.

Quand j'attendais de chaque livre que j'ouvrais en m'avançant vers l'inconnu quelque chose comme une révélation.

Quand j'imitais Maurice Chevalier chantant *Ma pomme* ou *Ah ! si vous connaissiez ma poule*, ce qui faisait rire ma mère – cela arrivait rarement.

Quand, au lycée, mon professeur de français a lu à haute voix dans la classe ma dissertation sur la guerre picrocholine.

Quand on pouvait planter sa tente dans un champ après avoir demandé et obtenu l'autorisation du fermier sans que personne y trouve rien à redire et qu'au réveil on se retrouvait entouré de vaches ou de moutons et non pas cerné par des camping-cars.

Quand mon frère et moi lisions les mêmes livres, écoutions les mêmes disques, portions la même canadienne, nous moquions ensemble de notre mère et que je n'étais pas l'objet de sa haine (du moins je ne m'en apercevais pas).

Quand je n'avais pas besoin d'écrire ces « Je me souviens » et que le seul présent faisait mon bonheur (ou mon malheur).

Quand, et quand, et quand...

★

Nostalgie? Non, il n'y a pas de douleur dans le rappel de ces moments-là, ni de souffrance dans le temps présent.

Des regrets? Oui, sans aucun doute, encore que tout fût loin d'être radieux dans ce que je viens d'évoquer.

Alors quoi ? L'amour des commencements. Je ne le confonds pas avec la fascination pour les origines. Et aussi l'image restée singulièrement vive du « jour où… », le jour où j'ai vu ceci, ressenti cela, connu cette ville, cette femme pour la première fois, le jour où j'ai ouvert ce livre pour ne plus le quitter, le jour où devant moi un vivant s'est transformé en « je ne sais quoi qui n'a pas de nom », ce jour que je peine à dater, et alors je pose la question : c'était quand, déjà ?

Déjà : dans un autre temps ? hors du temps ? Parfois j'ai le sentiment que je n'ai jamais affaire qu'à du « déjà-vu ».

Ce hors-temps, serait-ce celui de l'enfance, cette uchronie, disait Barthes ? Cet autre temps serait-il celui de la jeunesse disparue ? En voulant maintenir vivantes ces traces, entre tant d'autres, laissées en moi, traces de mon enfance et de ma jeunesse, ne ferais-je qu'idéaliser le passé, serais-je un passéiste invétéré ? Ou, devenu un vieil homme, serais-je devenu incapable de goûter le présent comme si rien ne pouvait désormais me surprendre ?

Passéiste, indifférent au nouveau, ayant perdu tout pouvoir de m'émerveiller, je proteste : non, tout n'était pas aimable *avant*, tout n'est pas abominable aujourd'hui. N'empêche que je compare et toute comparaison risque toujours d'opposer le bon et le mauvais, le mieux et le moins bien. J'ai beau nuancer et soutenir que je ne mets en relation que deux *états* différents sans valoriser l'un et dénigrer l'autre, je ne suis pas assuré de ma bonne foi et je reprends l'antienne du « c'était mieux avant ».

Alors survient le défenseur du progrès avec ses arguments imparables. « Bien sûr, les temps ont changé, bien sûr ce n'est plus comme avant, c'est même le propre du temps de s'écouler comme un fleuve, et un fleuve avance, il gagne en étendue et en puissance. Que faites-vous d'autre, vous, que régresser, en tentant vainement de rejoindre la source ? Au lieu de pleurer sur le disparu, regardez plutôt ce qui apparaît. Comme vous, mais dans l'autre sens, je cite pêle-mêle mes exemples : les progrès indéniables de l'hygiène et de la médecine, le gain d'espérance de vie, la transformation du statut de la femme, la Sécurité sociale, le T.G.V. et les avions qui vous mènent à New York ou à Tokyo en quelques heures, les ordinateurs, Internet, le téléphone portable, et encore je ne vous parle pas des fusées, de la conquête de l'espace sidéral. Vous ne pouviez rien imaginer de cela dans votre bon vieux temps ou votre hors-temps imaginaire. Et puis, vous n'êtes pas seulement un passéiste, vous êtes un élitiste. Quand vous évoquez Venise, San Gimignano, les plages désertes, vous ne faites que défendre vos privilèges perdus, vous ne supportez pas que ce qui était réservé à quelques-uns soit aujourd'hui accessible au plus grand nombre. »

Je pourrais répondre à mon interlocuteur point par point, lui dire que le portable – le « téoula » – m'exaspère, que l'allongement de la durée de vie se paye par une multiplication d'Alzheimer, que l'aventure que représentait un voyage n'est plus ce qu'elle était, que la Venise envahie par les touristes allemands, hollandais, japonais, français, n'est plus Venise, que Saint-Tropez, ce petit port délicieux, n'est plus qu'étalage de fric, que les plages où s'agglomèrent les « vacanciers » ne sont plus des plages ; ajouter : et ce qui s'appelait la Côte d'Azur, vous avez vu ce qu'elle est devenue ? Elle est défigurée, comme le sont les alentours de nos villes avec leurs panneaux publicitaires, leurs entrepôts (tapis et moquettes à prix réduit) qui bordent des routes qui, il y a peu, longeaient encore des champs de blé.

Je pourrais répondre, mais je me tais car je me refuse à me laisser enfermer dans ce débat sans fin.

Un débat n'est jamais qu'un échange d'arguments. Les miens sont de peu de poids. Que m'importe ! Je continuerai à croire, non pas à croire, mais à ressentir que c'était mieux avant, ou plutôt à garder, insistante en moi, la question : « c'était quand déjà ? le jour où… »

Et maintenant, c'est maintenant. Et maintenant, c'est aujourd'hui, hier et demain. Nous autres, humains, nous ressentons et croyons que le temps passe, nous prétendons qu'il s'écoule et, plus nous vieillissons, qu'il s'écoule trop vite. Mais le Temps (avec une majuscule) ignore qu'il passe, il est immobile, il n'a pas d'âge.

J'ai comme chacun de nous tous les âges si je cesse de *découper* le Temps.

Oublieuse mémoire

1. *Oublieuse mémoire* : j'emprunte ce titre à un recueil de poèmes de Jules Supervielle dont voici le premier vers : *Pâle soleil d'oubli, lune de la mémoire.* J'y vois le signe non d'une opposition mais d'une alliance entre la mémoire et l'oubli, la lune et le soleil.

Imaginons l'inimaginable : que notre cerveau soit un ordinateur « de la nouvelle génération » capable de conserver tout ce qu'il a enregistré, engrammé. Ce que nous avons ressenti, éprouvé, ce qui nous a troublé est hors de son pouvoir. Le cerveau ordinateur, l'homme neuronal, l'homme machinal ignorent l'affect.

Mémoire morte. Présent écrasé.

2. Je n'archive rien. Je jette mes manuscrits. Je ne conserve que quelques jours les lettres des amis, répugnant à m'en séparer aussitôt lues, car les jeter, à peine reçues, serait rejeter aussi leurs auteurs. Je brûle les lettres des femmes aimées que j'ai pu recevoir. (J'ai connu quel-

qu'un qui conservait un double de ses propres lettres. Comme il devait s'aimer !)

3. Je m'étonne que des écrivains confient, de leur vivant, leurs archives à des institutions comme l'Imec ou une bibliothèque. Ces archives sont constituées de leurs manuscrits dans leurs différents états – cela pourrait intéresser la critique génétique –, de leur correspondance avec d'autres écrivains, de leurs dossiers de presse, de leurs journaux intimes – pourquoi pas une publication posthume ? –, de notes éparses. Sait-on jamais ? un futur biographe fera son miel de tout cela.

4. J'exagère : il m'est arrivé de conserver des cours que j'avais donnés du temps où j'enseignais, des documents recueillis pour un livre que j'entreprenais d'écrire et que je n'ai jamais écrit, des feuilles où je notais des réflexions, des citations, me disant qu'ils pourraient me servir un jour, plus tard. Ces dossiers, ces papiers, ces feuilles volantes qui n'ont jamais pris leur envol, je ne les ai jamais consultés. Je vais les mettre à la corbeille tout à l'heure.

5. Mon lieu de l'archive est ma mémoire.

6. « Toutes les inscriptions gravées sur la mémoire inconsciente reparurent comme par l'effet d'une encre sympathique. » Est-ce d'un

texte de Freud, du *Wunderblock* (le « bloc-notes magique ») que j'extrais cette citation ? Non, elle est de Baudelaire.

Inscriptions, traces mnésiques : notions clés de l'œuvre freudienne.

7. J'écris ces pages sous forme de fragments et je les numérote pour à la fois les disjoindre et leur donner un semblant d'ordre, dans l'espoir qu'une logique, qu'une progression improbable finiront par apparaître.

Je crois en procédant ainsi être fidèle au fonctionnement de la mémoire, de la mienne en tout cas. Elle est fragmentaire, discontinue. Le genre de l'essai ne lui conviendrait pas, celui de la narration moins encore. Ce que les psychanalystes prescrivent à leurs patients – associer librement sans tenir compte de la cohérence des propos, sans écarter ce qu'ils tiennent pour insignifiant ou incongru, laisser venir les idées qui viennent – est aussi entre autres mettre en mouvement la mémoire, permettre la résurgence de souvenirs enfouis et la réapparition de traces infimes inscrites dans un lieu psychique inaccessible à la conscience. Se soumettre à la « règle fondamentale », c'est s'approcher des fondements de la mémoire.

8. Archives. La comparaison s'est vite imposée à Freud. Elle est explicitement évoquée dans les *Études sur l'hystérie* : « Tout se passe comme si l'on

dépouillait des archives tenues dans un ordre parfait. » Elle est d'autant plus satisfaisante qu'elle témoigne de la conservation du passé, et que ce passé est classé selon différents critères – chronologique, thématique, degré d'accessibilité, etc. On dirait que le psychanalyste dans son fauteuil s'est transporté rue des Archives. Il lui faut seulement s'armer de patience, déchiffrer des documents souvent peu lisibles, les comparer, relever leurs contradictions, deviner ce qu'ils dissimulent. Dur labeur, mais comme l'enquête est riche de trouvailles et, au bout du compte, fructueuse !

L'analogie avec les archives satisfait assurément l'analyste enquêteur-détective. Elle lui donne à croire que l'amnésie, jusqu'à celle touchant les premiers temps de l'enfance, peut être levée, que rien n'échappe à la remémoration, que notre mémoire rassemble des collections d'archives.

9. Michelet enfant visite le musée des Monuments français. Il y voit les tombeaux des gisants. Il dira lui-même que c'est de là, dans la vision de cette sorte de scène primitive qu'est née sa vocation d'historien aspirant à la « résurrection intégrale du passé ».

Résurrection intégrale : vœu fou, mais grandiose. À défaut d'être Michelet, nous cherchons, nous aussi, plus modestement, à réaliser ce vœu quand, dans nos rêves, nous donnons vie à nos disparus. Ils ne sont pas perdus, nous ne les avons pas abandonnés, ce sont nos visiteurs de la nuit, des fantômes sans doute mais qui nous protègent et que nous protégeons de la mort. Fragile résurrection, ce ne sont là que des images sans chair, de brèves hallucinations. Michelet va plus loin : « J'ai trop bu le sang noir des morts. »

10. Préserver le lien qui unit les vivants et les morts. Voir dans Platon, dans Shakespeare, nos contemporains. Remonter toujours plus loin dans le temps. Il arrive que les enfants, surtout ceux qui ont été adoptés, se passionnent pour la préhistoire. Devenus âgés, ils occupent leurs longues heures creuses à la construction de leur arbre généalogique – un arbre et ses racines. Cuvier reconstitue les dinosaures. Chateaubriand écrit ses *Mémoires d'outre-tombe.* Jean Delay, ses *Avant mémoire.*

Avant, après : nous acceptons mal notre finitude, nous ne voulons pas être réduits à notre existence éphémère, à n'être rien d'autre qu'un individu. Nous cherchons à nous approprier ce temps où nous n'étions pas nés.

11. La passion actuelle pour le patrimoine à sauvegarder, tant le présent nous déçoit, tant l'avenir nous inquiète.

Monuments, usines désaffectées, outils disparus, plaques commémoratives posées sur les maisons où des personnages célèbres ont vécu. Autant d'archives.

12. Si la mémoire, si la divinité Mnémosyne nous entraînait bien au-delà de ce que permet la consultation des archives ? Elle n'obéit pas à la chronologie, ne se soucie guère des dates, elle mêle les temps comme le font ces rêves où l'infantile et un incident du jour précédent – le « reste diurne » – vont à la rencontre l'un de l'autre. Le rêve, comme la mémoire vive, détient l'étrange pouvoir de nous rendre – mais pour un temps… – présent le passé. Comme l'écrit Jean-Pierre Vernant parlant de Mnémosyne, « le passé ainsi dévoilé est beaucoup plus que l'antécédent du présent : il en est la source ».

Mémoire vive, source vive. Une source ne cesse de jaillir, elle réveille les eaux dormantes. Comparée à elle, l'archive, même délivrée de sa couche de poussière, peine à s'animer.

13. Différencier les souvenirs des traces.

Les souvenirs, à commencer par les souvenirs d'enfance, sont toujours plus ou moins reconstruits, déformés. Nous les entretenons avec soin, nous y tenons comme à des êtres aimés. Peu nous importe qu'ils soient ou non des fictions, tant ils nous sont précieux. Ils sont la preuve de notre singularité : à chacun ses souvenirs, ils ne se partagent pas.

Plus forte que l'évocation du souvenir, la réminiscence soudaine, inattendue qu'une sensation actuelle suscite comme une divine surprise.

Réminiscence ou ce sentiment troublant de déjà-vu, de déjà ressenti qui s'empare de nous. Bien autre chose que la remémoration.

La trace. Le chasseur se fie aux traces que le gibier qu'il poursuit a laissées de son passage, traces qu'il est peut-être le seul à déceler – odeurs, feuilles froissées – et qui doivent le mener vers l'animal dont il veut s'emparer. L'enquêteur cherche les traces qu'à son insu le criminel a laissées de son forfait. L'amant éconduit, l'amant jaloux, tout comme le chasseur et le détective, s'engage dans une recherche éperdue des signes avant-coureurs qui annonçaient l'abandon, la trahison de la femme aimée et il se lance à sa poursuite comme le narrateur de *La Recherche* traquant Odette à en devenir fou.

Si le chasseur, le détective, l'amant reviennent bredouilles, ils sont plus que déçus, frustrés. Ils sont aussi perdus que l'est pour eux l'animal, le criminel, la femme dont ils voulaient se saisir et qui leur échappe.

On a perdu l'objet, ne restent que des traces. Mais si on perd les traces ou que celles-ci s'effacent comme des pas sur le sable quand la mer les recouvre, que se passe-t-il après qu'on s'est épuisé vainement à rechercher l'objet perdu en pressentant qu'il est perdu à jamais et qu'on ne poursuit plus qu'une ombre ? Oui, que se passe-t-il alors ? C'est cette ombre de l'objet qui tombe sur le moi, disait Freud. De la proie convoitée ne demeure plus que l'ombre qui à son tour fait de vous sa proie et cela s'appelle mélancolie.

14. Alors que je jette, brûle papiers, lettres, je n'ai jamais jeté de photographies. Certaines sont soigneusement collées dans des albums. La plupart sont dispersées devant les livres de ma bibliothèque – des images qui conduisent aux mots… – ou déposées dans le désordre de tiroirs d'où je les extrais. Je les regarde alors longuement et j'y reviens, de temps à autre, comme si elles étaient inépuisables et que quelque chose d'inaperçu jusqu'alors allait m'apparaître.

Souvent j'ignore où et quand elles furent prises. Cette imprécision m'irrite un moment avant qu'elle ne m'enchante. En ne parvenant pas à répondre aux questions – « C'était quand déjà ? » ou « Où était-ce ? », « À qui appartient ce sourire ? », « Qui est donc ce personnage à l'arrière-plan l'air maussade, et celui-là, si joyeux, si bon vivant, vit-il encore ? » –, j'accède à un hors-temps, je me transporte dans des lieux indéterminés. Plus rien n'est circonscrit dans le temps ni dans l'espace. Et pourtant ce qui a été fixé là sur la pellicule, ce sont des instants de vie, ce sont des instantanés.

Ma mémoire serait-elle une plaque photographique où l'éphémère et l'intemporel ne font qu'un ? où l'absence n'est pas l'opposée de la présence ?

Le livre de Roland Barthes que je préfère avec le *Journal de deuil* – qui à mes yeux en est le pendant – est celui qu'il a consacré à la photographie. Il s'intitule *La Chambre claire*. Je me souviens de m'être arrêté sur cette phrase : « Cette chose un peu terrible qu'il y a dans toute photographie : le retour du mort. » Étrangement, une photographie, même celle d'une personne vivante, est porteuse d'une disparition. Cet enfant cessera bientôt de l'être, ce jeune homme rieur qu'était mon père est mort, cette maison que j'ai tant aimée n'est plus. Barthes encore : « Le noème de la Photographie est simple : "*Ça a été*". »

Troublante alliance : celle du « tout doit disparaître » avec l'évidence de l'apparition.

15. Photos de classe, prises année après année dans la cour de mon lycée. Celles-là bien conservées, bien rangées telles des archives, ayant survécu à de nombreux déménagements. Au dos, j'avais inscrit les noms de tous les élèves de ma classe comme pour m'assurer que plus tard à chaque visage serait assigné un nom propre. En associant un visage et un nom je risquais moins de les oublier et d'oublier ces années-là.

Ces camarades, je ne les ai jamais revus. J'ignore ce qu'ils sont devenus. J'imagine que pour la plupart ils ont quitté ce monde. Mais grâce à ces photographies ils me donnent de leurs nouvelles.

16. On m'objectera que c'est une contradiction dans les termes. Peu m'importe, je le dis : « Ma mémoire est immémoriale. » Comme celle de Peter Ibbetson, le héros du roman de George du Maurier. Cet homme-là a tous les âges.

17. Georges Perec se présentait ainsi à son analyste : « Je n'ai pas de souvenirs d'enfance. » Il paraissait revendiquer cette amnésie alors qu'elle était l'aveu d'une douleur muette, la perte d'une mère disparue sans laisser de traces.

Alors, à défaut de pouvoir combler ce trou noir, Perec écrit *Je me souviens* où il note des petits faits « insignifiants » : « Je me souviens de *Ploum, ploum tra la la.* Je me souviens du scoubidou. »

Chacun de nous peut composer son propre « Je me souviens » – c'est devenu un jeu. On peut y voir un divertissement qui à la fois nous éloigne et nous rapproche de ce qui n'a pas pu s'inscrire dans notre mémoire, n'a pas trouvé de lieu pour cela : une mémoire trouée.

Perec est l'auteur de *La Disparition*, un roman dont le e est invisible et le lecteur ne voit que cette voyelle absente. Ce livre n'est pas l'exploit oulipien que bien des critiques ont salué. Il cache en même temps qu'il le révèle un manque incomblable. Il est le signe d'une détresse qui ne peut se dire et seulement se deviner. Plus tard, Perec pourra enfin écrire un *Souvenir d'enfance* en l'attribuant à W…

18. Toute mémoire est sélective. À chaque instant nous sélectionnons : notre attention est sélective, notre perception, comme le sont notre champ visuel, nos pensées, nos intérêts. Ce que nous admettons dans notre territoire est extrêmement limité, notre cartographie intime ignore des continents entiers. Notre mémoire, plus que toute autre fonction, choisit, rejette.

Si j'envoie un C.V., je n'y inscris que les étapes de ma carrière : études, parcours professionnel, titres et travaux, quand je peux m'en prévaloir.

Si j'écris mes Mémoires – et pour ce faire mieux vaut avoir été quelqu'un plutôt qu'un quidam –, j'y fais surtout état de mes hauts faits, de ce qui mériterait d'entrer dans l'Histoire, je reste discret sur ce qui pourtant m'appartient en propre : mes amours, mes souffrances, tous ces jours où il ne m'arrivait rien… de mémorable.

Si, voulant me livrer davantage, aller jusqu'à me mettre à nu, j'écris mon autobiographie, je l'écris à partir de ce que je suis devenu, je m'invente une vie pour lui donner un sens (dans la double acception du mot).

Si j'ai la passion des archives, je choisis mon secteur : archives policières, judiciaires, familiales et, pour ne pas m'y noyer, je prélève ce qui m'intéresse : l'objet de ma recherche.

Que sélectionne ma propre mémoire ? Selon quels critères ? À quelle fin ? J'en parle comme si elle était un sujet libre de ses décisions, à même de dire : « Ça, j'en veux bien, j'y tiens. Ça, je n'en veux pas, je le rejette. » Mais elle n'est pas la maîtresse de ses choix. Elle obéit à des lois qu'elle ignore elle-même.

Faut-il croire que ce qu'elle rejette de ses frontières ce ne sont que des indésirables, que ce que nous faisons tomber dans l'oubli, cet immense fleuve de Léthé, soit l'effet du refoulement ? Freud nous a enseigné cela, et l'a magistralement démontré, à propos de l'oubli des noms propres, notamment celui de Signorelli.

J'aimerais le croire sans réserve. Et je suis bien content quand, cherchant vainement un nom, je le retrouve enfin et découvre pourquoi je l'avais mis de côté. Un oubli « freudien » : parfait, du moins ce n'est pas le signe avant-coureur d'un Alzheimer ! Et puis je me rassure : la mémoire ne peut pas tout emmagasiner.

Je n'envie pas le sort de ces hypermnésiques qui impriment des milliers d'informations dans leur cerveau, enregistrant tout mais n'incorporant rien. Ils ignorent la musique de la mémoire.

19. Écrivant ces pages, voici qu'après avoir affirmé que je ne conservais rien, ni lettres ni manuscrits ni documents ni notes de lectures,

enfin rien qui, un jour plus ou moins lointain, avait eu quelque importance pour moi, voici que j'ouvre une grande boîte en carton entreposée dans un coin de mon bureau, que je découvre dans ce fouillis, entremêlés, chiffonnés, toutes sortes de papiers et que je les lis, que je commence à opérer un tri, voici que j'hésite à me débarrasser de ce fatras, que je trouve de l'intérêt à ces feuillets épars, que je les déchiffre, voici que des fragments de ma vie que j'avais oubliés – tiens, Jacques m'avait adressé cette lettre bouleversée où il m'annonçait la mort de sa femme, tiens, une carte postale de Jipé Vernant de Belle-Île et cette autre de Claude Roy m'encourageant à écrire. Et, cette liasse de feuilles griffonnées, ce devait être le début d'un roman que je n'ai jamais réussi à mener à bien, et cette conférence donnée à Londres en anglais, vraiment pas mal !

Pas question de jeter tout cela dans une poubelle.

Je vide la boîte. Je classe, je range, je place soigneusement dans des chemises de couleurs différentes ce que j'ai recueilli, j'inscris une date et un numéro sur chacune d'elles. Je suis en train de me constituer des archives.

Je ne me soucie pas de savoir si ça servira à quelque chose mais c'est là dans un meuble avec des casiers, comme on en voit chez le notaire, un meuble face à moi, à portée de mon regard. Étonnamment, cela m'aide à vivre mon présent comme si les reliques de mon passé n'étaient pas séparées de mon moi d'aujourd'hui et que la discontinuité de ma vie retrouvait au moins un semblant de continuité.

20. *Le Goût de l'archive*, d'Arlette Farge : une merveille d'intelligence. L'auteur est une historienne. Elle découvre dans des lambeaux de vie d'inconnus, d'oubliés, d'anonymes, de quoi renouveler aussi bien l'histoire événementielle que celle de longue durée. Elle rend aussi présents, par la mise au jour de faits singuliers négligés par les historiens, des pans entiers du passé.

Elle lève le voile. Elle dévoile. Elle élargit le champ de la mémoire collective comme le psychanalyste élargit celui de la mémoire individuelle.

Congestion

Dans l'une de ses *Fictions* Borges raconte le cas étrange d'Ireneo Funes, un jeune Indien au visage taciturne « singulièrement lointain derrière sa cigarette ». Le narrateur ne l'a rencontré qu'à trois reprises et se souvient fort bien de ces rencontres. Les mots « Je me rappelle » ponctuent son récit ou encore « Mon souvenir est très net ». Sa mémoire est semblable à la nôtre : le plus souvent nous nous rappelons sans difficulté les événements qui nous ont laissé une forte impression, les rencontres qui nous ont marqué. Notre mémoire, sans que notre volonté intervienne, garde en elle certaines scènes, leur assure une pérennité en se refusant à les laisser tomber dans l'immense territoire de l'oubli. De ces régions apparemment desséchées surgissent parfois comme des sources d'eaux vives, des moments d'un temps retrouvé que l'on croyait perdu…

Funes, lui, dispose d'une mémoire bien particulière. Existerait-il une hypertrophie de la mémoire, une mémoire incapable d'oublier, tout comme il existe, à l'inverse, un naufrage de la mémoire (syndrome de Korsakov, maladie d'Alzheimer) ?

Lors de la première rencontre, le narrateur s'étonne d'un pouvoir bizarre que détient le jeune garçon. Si on lui demande l'heure qu'il est, il répond aussitôt, sans consulter le ciel ou quelque horloge, d'une voix un peu moqueuse comme si la question était celle d'un imbécile : « Dans quatre minutes il sera huit heures, Monsieur... » en indiquant le nom propre pourtant pas si facile à retenir, Bernardo Juan Francisco (mais l'a-t-il même entendu?), du questionneur. Funes n'a pas besoin d'un instrument pour mesurer le temps, il sait toujours l'heure exacte, il est le plus sûr des chronomètres.

Quelques années plus tard, le jeune garçon, qui a été renversé par un cheval à demi sauvage, est devenu infirme. Il ne quitte pas son lit, il est là, dans une pièce obscure, il fume toujours sa cigarette et, de sa voix restée moqueuse, il récite en latin « le premier paragraphe du vingt-quatrième chapitre du livre VII de la *Naturalis historia* de Pline » qu'à sa demande lui avait prêté le narrateur.

Serait-ce cette infirmité qui le tient immobile et prisonnier, serait-ce elle qui lui vaut ce nouveau pouvoir d'être doté d'une mémoire infaillible, qui retient tout, d'une mémoire totale, sans limites? Une mémoire qui nous effraye comme la folie.

Il est probable que Funes, *el memorioso,* le « mémorieux », voit dans cette inoublieuse mémoire qui est la sienne et l'écrase de tout son poids une malédiction plutôt qu'un don exceptionnel. À peine a-t-il dit : « J'ai à moi seul plus de souvenirs que n'en peuvent avoir tous les hommes depuis que le monde est monde » qu'il prononce cette phrase terrible : « Ma mémoire, Monsieur, est comme un tas d'ordures. »

Ce n'est pas seulement sa mémoire qui ne connaît pas de limites. Son champ visuel aussi est infini. Le regard de Funes traverse l'espace comme sa mémoire traverse le temps. Il perçoit mieux qu'un microscope les crins embroussaillés d'un poulain, plus d'étoiles dans le ciel qu'un télescope, il discerne au cours d'une veillée les multiples visages d'un mort. Sans doute pour lui l'espace et le temps ne font qu'un. C'est ainsi, par exemple, qu'il connaît « les formes des nuages austraux de l'aube du trente avril mille huit cent quatre-vingt-deux et peut les comparer au souvenir des marbrures d'un livre en papier espagnol qu'il n'a regardé qu'une fois ».

Ce n'est pas tout : il invente un système de numération, il transforme les mots en nombres et les nombres en noms propres, sept mille treize devient Maxime Perez... Il a appris sans effort l'anglais, le français, le portugais, le latin.

Lisant le récit de Borges, je vois, traversant à mon tour le temps et l'espace, Louis Wolfson, l'auteur du *Schizo et les langues.*

Funes ne s'autorise guère à dormir alors que notre mémoire à nous est une eau dormante avant que le sommeil ne produise des vagues de rêves. Mais Funes, comme Borges, souffre d'insomnie. Il ne rêve pas. Il ne verse pas non plus de larmes. Le narrateur estime qu'il ne pense pas. Il enregistre, il calcule, il apprend, il observe, il n'imagine rien, ses perceptions minutieuses ne sont pas celles d'un visionnaire.

Perception sans restes, tout est visible. Mémoire sans ombre. Ireneo ne serait-il pas lui-même un homme sans ombre, un double inversé de Peter Schlemihl, le malheureux héros de Chamisso condamné, lui, à l'errance alors que Funes l'est à l'immobilité dans son lit d'infirme, à l'immobilité d'un temps dépourvu d'épaisseur.

J'ai vu autrefois se produire sur une scène de music-hall un homme qui récitait par cœur des pages entières de l'annuaire téléphonique. Les spectateurs saluaient l'exploit. Oui, cet homme était un « phénomène », comme l'étaient les nains et les femmes à barbe qu'on exhibait à la Foire du trône. Personne ne les enviait.

Quelle chance est la nôtre de pouvoir oublier et parfois, mais parfois seulement, se ressouvenir ? Quelle chance de pouvoir participer à d'innombrables métamorphoses, à commencer par celle des saisons, que nous offrent la vie, à celle que nous procurent les voyages au loin et nos amours ! Quelle chance est la nôtre, n'est-ce pas Monsieur Jorge Luis Borges de pouvoir nous égarer dans le labyrinthe des livres et des pensées et de connaître le jeu incessant de l'ombre et de la lumière ?

Je doute que Funes soit mort, comme l'écrit le narrateur, d'une congestion pulmonaire. Il mourut longuement d'une congestion de la mémoire, d'une mémoire qui ne respire pas en effet, d'une mémoire qui étouffe, d'une mémoire déjà morte avant même d'être née.

« Il est absolument impossible de vivre sans oubli » (Nietzsche, *Considérations inactuelles*).

De la réminiscence à la répétition

La chose peut paraître étrange : alors que Freud n'a pas élaboré une théorie de la mémoire, si l'on entend par théorie une construction d'ensemble visant à la synthèse, sur le modèle d'un « moi » revendiquant la maîtrise, on peut dire que tous ses écrits ne traitent que de la mémoire, ou plutôt des mémoires.

Réminiscences des hystériques, rêves nocturnes qui font resurgir le passé le plus éloigné et le rendent plus présent que l'actualité de nos jours, oublis, amnésie infantile, défaillances troublantes de la remémoration, impressions illusoires et pourtant convaincantes de « déjà-vu », transmission à travers les générations (phylogenèse) de fantasmes originaires et d'événements non vécus par le sujet (meurtre du père primitif), répétition ou, mieux, reprise au sens de Kierkegaard, concept de l'après-coup que Lacan fut le premier à mettre en évidence, méditation empreinte de mélancolie sur le temps qui passe et risque de tout anéantir (« Éphémère destinée »), oui, des *Études sur l'hystérie* (1895) à « Constructions en analyse » (1937), en passant par *L'Interprétation du rêve* (1900) et *Au-delà du principe de plaisir* (1920), il n'est question tout au long de l'œuvre que de la mémoire.

Je disais : *des* mémoires. Certes, avant Freud, bien des auteurs avaient différencié mémoire intellectuelle, mémoire affective, mémoire involontaire. De cette distinction, Proust a nourri *À la recherche du temps perdu.* Le Rousseau des *Confessions,* le Chateaubriand des *Mémoires d'outre-tombe* en avaient donné la preuve sensible. Un historien comme Michelet a pu rêver d'une « résurrection intégrale du passé », et, si Freud a dû renoncer à cet idéal, il a su écouter la voix de ces « revenants » qui se refusent à disparaître et continuent à nous hanter. Il affirme que notre passé est indestructible, qu'il en reste toujours au moins des traces et que seul le refoulement nous coupe (peut-on parler d'autocastration ?) de ce que nous avons connu, éprouvé, en des temps lointains.

L'inconscient ne devrait-il pas s'appeler Mémoire ? Une mémoire *Zeitlos,* hors-temps, transcendant l'ordonnancement temporel, indifférente au calendrier. Et la cure psychanalytique qui, via le transfert, ne cesse d'entremêler le passé et le présent, serait-elle autre chose qu'un dévoilement progressif, qu'une *alètheia,* la levée du voile de *Léthé,* l'oubli ? Une magie lente, disait Freud.

Les analogies, les métaphores ne manquent pas pour tenter de rendre compte de la manière dont travaille la mémoire humaine. Du côté des images s'impose d'abord celle des archives qui classent les documents recueillis selon différentes catégories comme peut le faire un fichier : chronologique, thématique, mots clés.

Du côté des analogies, il y a la quête de l'archéologue qui, à partir de débris épars, de quelques fragments, parvient à reconstituer un monument, à faire réapparaître une civilisation disparue. Il y a le préhistorien qui sait que l'homme n'a pas attendu l'invention de l'écriture pour exister, il y a le paléontologue et ses fossiles, il y a les grands explorateurs des terres inconnues, il y a surtout Champollion déchiffrant les hiéroglyphes, d'autres encore.

Du côté des villes, il y a Pompéi, bien sûr, la ville enfouie, retrouvée sous les cendres. Il y a la « Ville éternelle » où coexistent la ville antique, la ville de la Renaissance, la ville actuelle. « Imaginons, écrit Freud dans *Malaise dans la civilisation,* que Rome ne soit pas un lieu d'habitations romaines mais un être psychique au passé aussi riche et aussi lointain, où rien de ce qui s'est une fois produit ne se serait perdu, où toutes les phases récentes de son développement subsisteraient encore à côté des anciennes. »

On dirait que Freud a besoin de recourir à plusieurs métaphores pour rendre sensible à ses lecteurs sa conception de la mémoire, et c'est bien là, dans cet afflux de comparaisons, qu'on peut voir le signe de son refus – refus plutôt qu'incapacité – d'édifier une théorie générale qui ne pourrait que réduire la complexité de la mémoire humaine en prétendant la définir, la localiser, en résoudre l'énigme. La mémoire aussi inconnaissable que cet inconscient dont nous ne saisissons que les produits, les formations, les « rejetons ». Analyser le mécanisme de nos oublis est à notre portée. Mais la mémoire n'obéit à aucun mécanisme, elle n'est pas une machine. Elle est un « être psychique » et peut-être même notre être psychique.

Aucune des analogies que Freud propose, même celle, si évocatrice, si parlante, de Rome, ne lui paraît satisfaisante. L'analogie à ses yeux la plus adéquate serait sans doute celle qu'il trouve dans un petit appareil, le *Wunderblock*, bloc-notes magique – magie de la mémoire – qui enchanta notre enfance. Le *Wunderblock*, il le décrit avec la même minutie quasi obsessionnelle qui le fit scruter les plis de la barbe du *Moïse* de Michel-Ange ou analyser l'oubli du nom de Signorelli. Pourtant, la description – c'est du moins mon impression face à ce texte lu et relu – peine à rendre compte du fonctionnement de l'appareil en question comme s'il nous fallait, pour vraiment comprendre ce qu'il est en réalité, le mettre soi-même à l'épreuve, en faire un usage personnel, s'exercer à l'apprivoiser. Risquons une comparaison : pour apprendre à se servir du dispositif analytique, pour rendre à la parole son mouvement et éveiller notre mémoire – c'est tout un –, pour palper la réalité de l'inconscient, saisir ses tours et détours, les écrits révèlent leurs limites, seule l'expérience de la chose est susceptible d'entraîner la conviction.

Avec le texte sur le *Wunderblock*, une notion essentielle, celle de traces mnésiques, est mise au premier plan. Certes, elle a toujours été présente, elle l'était déjà dans les premiers échanges avec Fliess, elle l'est dans les écrits ultérieurs, mais on dirait qu'ici elle opère un retour en force.

Trace mnésique : la notion n'a pas bonne presse aujourd'hui ni auprès des philosophes ni auprès des neurologues, elle serait l'héritière d'une pensée neurophysiologique périmée. Pourtant elle garde toute sa pertinence dans l'usage qu'en fait Freud.

La trace n'est pas une image de l'objet, la trace n'est pas un souvenir, elle n'est pas un engramme ou une empreinte déposée sur de la cire. Elle s'inscrit, tel un trait de plume sur une feuille de papier, elle peut être si infime, si ténue, qu'elle échappe à toute remémoration consciente. Hors temps, elle est aussi hors langage.

Pensons aux traces que laisse un pas sur le sable ou sur la neige, celle d'un homme ou, plus discrète, plus fine, celle d'un oiseau ; pensons aux traces, souvent à peine perceptibles – il faut l'œil aux aguets du chasseur pour les déceler – que laisse le gibier dans une forêt; pensons aux traces devenues des indices que relève une à une le détective; pensons à ces criminels soucieux de ne laisser aucune trace de leur forfait. Effacer les traces, c'est à quoi s'emploient méthodiquement ceux qui veulent qu'on ne sache rien de la destruction programmée, du meurtre de tout un peuple. Mais heureusement il existe une mémoire, une mémoire chercheuse, qui empêche le crime qui se voulait parfait de rester impuni ou de tomber à jamais dans l'oubli.

Le psychanalyste est à l'affût de traces. Non, pas à l'affût, il ne les guette pas comme le chasseur, d'abord parce que, s'il chasse, c'est dans le noir, et surtout parce que, ces traces, il les découvre là où ni lui ni son patient ne les attendaient. Il ne fait guère confiance aux souvenirs racontés, évoqués, tant ceux-ci sont transformés, déformés comme l'est tout récit. Pour preuve, ils donnent lieu à des versions différentes comme autant de traductions; Freud va jusqu'à écrire dans son texte sur les souvenirs-écrans qu'il n'existe pas à proprement parler de souvenirs d'enfance, mais seulement des souvenirs se rapportant à l'enfance. Cette affirmation nous blesse, tant nous les chérissons, nos souvenirs de ce temps-là; qu'ils soient heureux ou malheureux, qu'ils témoignent de nos exploits ou de nos hontes, nous croyons dur comme fer à leur vérité. Eh bien, non, ce sont des fictions. Fictions comme l'autobiographie, nos confessions, toujours plus ou moins complaisantes, comme nos journaux dits intimes qui n'ignorent pas l'autocensure. Fiction, ce que nous croyons être notre mémoire.

Mais alors, la « vraie » mémoire, où faut-il la chercher, où la trouver ? Voyez le souvenir-écran que relate Freud, un souvenir, c'est attesté, qui lui est personnel. La scène évoquée a sa cohérence, elle est précise et, comme certains tableaux, elle ne manque pas de charme, il y a en elle de quoi amplement justifier qu'elle soit remémorée, qu'elle soit restée présente. Mais voici que dans le récit apparaissent des détails, et ils y apparaissent avec une netteté, un relief tout particulier (*Überdeutlichkeit*), la couleur jaune d'une fleur par exemple. Au premier regard, qui peut se vanter de percevoir un certain petit pan de mur jaune dans la toile de Vermeer ?

Ne nous empressons pas, à la suite de Lacan, de nommer « signifiants » de tels détails, d'en faire des éléments désincarnés du langage dont nous nous emploierons à retrouver la présence insistante dans d'autres contextes. Car, dans le détail, ici dans le jaune, il y a quelque chose de sensible, une vivacité ou une « vivance », selon le mot d'Edmundo Gómez Mango, qui lui confère ce statut paradoxal d'être à la fois évanescent et indestructible. Plus encore, le détail révèle – le « détail révélateur », disait Edgar Poe – le méconnu, l'apparemment oublié, l'inaperçu.

Comment ne pas évoquer ici Morelli, cet amateur d'art devenu un expert capable de différencier les copies de l'œuvre originale? Dans sa façon de procéder, Freud a reconnu une part de sa propre méthode. Le copiste averti sait retrouver la composition de l'œuvre, il parvient même à en restituer la beauté, l'éclat. Tout ce qui relève de la *forme* de l'ensemble est rendu avec succès. Mais ce à quoi le copiste n'a pas prêté attention, pas plus sans doute que l'artiste lui-même, ce sont des petits riens : le lobe d'une oreille, la courbe d'un ongle…

La technique de Morelli, son œil exercé – pour l'analyste ce sera son oreille –, lui a permis d'authentifier une toile, d'assurer qu'il s'agissait d'une toile de Raphaël, par exemple, et non d'un copiste ou d'un faussaire. Autrement dit, ce sont les détails inaperçus qui attestent la signature, la singularité de la signature et du nom propre. Peut-on en inférer que c'est là que se dévoile, à notre insu le plus souvent, ce qui est en nous le plus secret? Dans la couleur jaune du souvenir-écran de Freud se cache Gisela, son premier amour…

Une trace ne cesse d'être muette, n'en vient à parler, que si elle entre en connexion avec d'autres (ce n'est pas le souvenir qui est refoulé, ce sont les connexions). Ce que permet en principe la fameuse règle de libre association. Avec elle la mémoire a une chance d'être une mémoire vive, elle cesse d'être un stock, une collection de souvenirs, elle se fait inventive, elle n'est plus celle d'un copiste ou d'un faussaire.

Lever l'amnésie infantile, faire confiance à la remémoration, qu'elle soit soudaine (« ça me revient tout à coup ») ou peu à peu reconquise, en procédant par vagues successives, telle a été longtemps, je l'ai rappelé, la tâche assignée à la cure psychanalytique. Jusqu'au jour où une rencontre douloureuse met à mal cet objectif et vient contredire sans l'annuler pour autant ce qui était acquis. Cette rencontre est celle de la compulsion de répétition et de sa force contraignante. Voici que le malade répète au lieu de se remémorer. Quelle désillusion ! Freud ne le cache pas : l'analyste est déçu, plus que déçu dans ses attentes. En témoigne cette phrase à mes yeux capitale : « Le malade ne peut pas se souvenir de tout ce qui est en lui refoulé, peut-être précisément pas de l'essentiel. » Ce qui est reconnu là, ce sont les limites de la mémoire, à moins d'admettre qu'il existe une autre forme de mémoire échappant à toute inscription dans un « système mnésique ».

En quoi consiste cet « essentiel » ? Dans des pages décisives d'*Au-delà du principe de plaisir*,

Freud cherche et propose des réponses. Il s'emploie d'abord à demeurer sur un terrain qu'il a bien exploré : le complexe d'Œdipe et ses prolongements, les résistances, la régression, la névrose de transfert, il rappelle le principe qu'il tient pour régissant notre fonctionnement psychique : le principe de plaisir-déplaisir. Oui, mais comment comprendre que le malade s'ingénie à répéter dans l'actualité de la cure, qui pour lui a cessé d'en être une, des expériences ne comportant aucune possibilité de satisfaction ?

Du côté de l'analyste, sa « magie lente » a perdu son pouvoir. La libre association, pour autant qu'elle existe encore, ne mène à rien. Le *Wunderblock* n'est plus d'aucun secours quand nous cessons d'avoir accès, malgré nos efforts, à des traces mnésiques, comme si l'insistance répétitive qui a quelque chose de « démonique » témoignait de l'existence de ce qui s'oppose à toute inscription, fût-elle aussi ténue, aussi peu lisible que celle d'une trace. Qu'est-ce donc que cette mémoire-là, si active, si sauvage et si difficile à cerner ?

Nous ne pouvons que nous en remettre à des hypothèses. Imaginer que ce que nous avons pu vivre ou fantasmer ne trouve pas toujours sa place dans un lieu psychique. Admettre les limites de l'intelligence et celles de l'interprétation, cette donneuse de sens, et que le non-sens, que l'informe, que le négatif exercent une attraction à nulle autre pareille. Rappelons-le : c'est la rencontre avec l'emprise de la compulsion à répéter qui a conduit Freud à introduire, au grand dam de ses disciples, la notion de pulsion de mort.

Winnicott écrit : « Le couple analysant est content de ce qu'il a fait : on n'a pas cessé de faire ensemble du bon travail, du travail intelligent. Et voici que chaque prétendu progrès se termine dans la destruction. Le patient l'interrompt et dit : "Et alors ?" »

Et alors ? Qu'y a-t-il dans cette question, sinon le rappel de cette exigence inlassable de l'inconscient d'obtenir ce qu'aucune satisfaction ne peut lui procurer. « Aller mieux », être délivré de la névrose n'est pas ce qu'il réclame ; que son passé, que son histoire lui soient peu à peu restitués n'est pas ce qui l'intéresse. Voilà ce qui a tant déconcerté Freud, lui a fait perdre certaines illusions, tout en lui permettant comme toujours face à un échec d'aller de l'avant.

Que nous transmettent en définitive ces patients voués à la répétition ? Ils veulent vivre, éprouver dans ce qui, plutôt que s'être inscrit en eux, a été *incorporé* au plus profond d'eux, le plus souvent une douleur méconnue par les autres et sans doute inconnue d'eux-mêmes. Les mots alors perdent leur pouvoir. Ils sont exsangues, ils n'ont pas de corps, ils manquent de chair. *Acharnement* (il y a chair dans ce mot-là) de la répétition.

« Où est ma souffrance, disait quelqu'un. Je souhaite la voir revenir. »

On a beau dire, Freud, malgré lui peut-être, reste un thérapeute. Comment ne serait-il pas déconcerté face à ceux qui trouvent dans leur souffrance la compagne la plus fidèle, la seule capable de les faire se sentir vivants. Et alors il n'y a rien pour eux de plus redoutable que de *tomber* guéris.

Passer de l'autre côté

Elle a tout vu, cette jeune femme qui était, il y a peu de temps encore, svelte et légère, celle qu'on appelait, enviée par les femmes, convoitée par les hommes, « la reine des bals parisiens ». Elle a vu des hommes mourir de faim, de soif, de fatigue, ensevelis sous la neige ; elle en a vu abattre et déchiqueter des chevaux pour s'en disputer des morceaux de chair, elle en a vu, indifférents aux boulets qui leur tombaient dessus, devenir apathiques dans l'attente de la mort; elle en a vu des brûlés vifs ; elle a vu des bivouacs abandonnés, des voitures pillées, elle a vu la déroute de ce qui s'appelait la Grande Armée, elle était là au milieu d'une masse d'êtres anéantis.

Elle a vu surtout, Stéphanie, de ses yeux vu, la férocité des hommes, leur sauvagerie, elle a été le témoin des extrémités auxquelles peut conduire la folie humaine.

Accompagnant son vieux général d'époux, plus mort que vivant, elle a connu la retraite de Russie.

La Berezina, pour elle, pour des milliers d'autres, était le fleuve infranchissable. Pourtant son amant, le colonel Philippe de Sucy, courant tous les risques, parvient à la lui faire franchir. Il la sauve. Elle passe de l'autre côté du fleuve où des hommes périssent dans l'eau glacée.

Séparation des amants : pour Philippe, resté sur la rive, du mauvais côté, ce sera la Sibérie ; pour Stéphanie, de l'autre côté, ce seront des années d'errance, ce sera la chute dans la folie.

Que lui est-il donc arrivé ? Est-elle morte ? A-t-elle survécu à ses épreuves ? Par hasard, chance ou malchance, Philippe, des années après la Berezina, retrouve celle qui fut et demeure à travers le temps sa bien-aimée. Non, il ne la retrouve pas, car celle qui lui apparaît n'est pas la délicate Stéphanie à la peau blanche mais un petit animal sauvage qu'un oncle a recueilli. Il l'entrevoit, à la fois craintive et gracieuse, sauter de branche en branche comme un écureuil, jouer sur le gazon comme une jeune chatte, tremper ses pieds et ses longues tresses dans une nappe d'eau, aller et venir à demi nue. Le seul mot qu'elle prononce est « Adieu ».

Cette femme-enfant-animal-sauvage, Philippe tente de l'apprivoiser, mais à peine s'est-elle laissée un instant approcher qu'elle s'enfuit, comme un fantôme.

Il croyait l'avoir sauvée le jour où il avait réussi à lui faire franchir la Berezina sur un radeau hâtivement construit. Elle allait échapper à la guerre destructrice. Oui, il l'avait sauvée du désastre. Et voici qu'il se trouve en présence d'un être perdu dans sa folie – est-ce encore Stéphanie ? –, devenu aussi ensauvagé et, à sa manière, aussi étranger à l'humanité que les soldats en déroute oubliant dans leur détresse qu'ils étaient des hommes.

Il vient à Philippe – désespéré de ses échecs à se faire reconnaître –, il vient à Balzac, l'auteur de cette nouvelle insolite qui a pour titre *Adieu*, une idée qui nous paraît folle, elle aussi. Comment guérir Stéphanie, comment la sauver une nouvelle fois ? Il faut lui faire revivre ces moments qui ont précédé le passage de l'autre côté, il faut reconstituer à l'identique ce temps-là, ces lieux-là. Alors elle recouvrera sa mémoire, alors elle sera de nouveau ce qu'elle était *avant*.

La solution s'impose : Philippe fait creuser un canal, il commande des uniformes délabrés dont il revêt des centaines de paysans, construit des cabanes qu'il incendie ; lui-même porte des vêtements souillés, la barbe et les cheveux qu'il avait un certain 29 novembre 1812.

Où donc nous entraîne Balzac ? À quelque représentation théâtrale comme il s'en donnait au Châtelet de mon enfance où je vis Lindbergh traverser l'Atlantique ? Ou dans le cabinet du jeune Freud croyant encore qu'en imposant au malade la reviviscence de son traumatisme il en serait délivré ? Catharsis libératrice. Purgation des passions mauvaises, tel serait l'effet sur le spectateur de la représentation des tragédies.

Surprise : ça marche ! La répétition théâtrale imaginée et réalisée par Philippe qui n'a pas lésiné sur les moyens – costumes, décor, figurants – est efficace. Stéphanie « tourna vivement la tête vers Philippe, et *le vit* ». Son visage peu à peu retrouve son éclat. Un tremblement se communique des pieds au cœur. Elle frissonne. Son corps parle. Son âme éteinte s'éveille.

Elle reconnaît Philippe. Elle le nomme… Il la nomme. Elle n'est plus séparée d'elle-même. Elle n'est plus séparée de lui.

Puis vient le mot, le seul mot qu'elle ait gardé en elle : « Adieu Philippe, adieu ! » Aussitôt prononcé ce mot, elle meurt. Comme si un instant de vie retrouvée c'était trop pour elle, ou pas assez. La Berezina, cette fois, l'emporte dans ses eaux glacées.

Le destin du colonel Chabert ne fut guère plus enviable que celui de Stéphanie. « Bonjour, colonel Chabert. — Pas Chabert ! pas Chabert ! Je me nomme Hyacinthe. »

À l'hospice de la Vieillesse, son ultime refuge, il s'amuse à tracer des raies sur le sable, ou décrit dans l'air avec sa canne, à défaut de sabre, une arabesque incertaine.

Il eût mieux fait de ne pas sortir de la fosse aux morts.

Les revenants sont des gêneurs, ils encombrent le monde des vivants. Dans nos rêves nos amis disparus nous murmurent : « Ne nous abandonne pas », « viens vite nous rejoindre ». Ils nous reprochent de les avoir mal aimés, de les avoir laissés tomber dans l'oubli. À leurs yeux, nous sommes toujours coupables de leur survivre. Ils nous poursuivent, parfois nous hantent comme des fantômes. Ils sont notre remords et nos juges. Ils nous font honte. Rarement ils nous consolent ou nous remercient. En revanche, ils prennent un malin plaisir à nous montrer la vanité de notre affairement, l'inconsistance de nos vies dont nous avons pu croire qu'elles étaient bien remplies. Ils rendent dérisoires nos succès, ravivent nos échecs, nos humiliations, mettent au présent nos lâchetés passées. Ils nous signifient, ces revenants, ces poursuivants, ces visiteurs inattendus de nos rêves nocturnes, qu'Adieu est bien le dernier mot, le seul mot qui dise tout.

Qu'ils lisent, ceux qui affirment que les histoires de fantômes et de revenants sont tout juste bonnes à effrayer les enfants crédules, qu'ils lisent donc, comme je viens de le faire, les pages du *Voyage au bout de la nuit*, ce livre d'un bout à l'autre hanté par la mort, où Céline est le témoin halluciné de la cavalcade des morts surgissant du cimetière.

Qu'ils lisent Freud qui n'est pas loin d'assimiler le « retour du refoulé » de ce que l'on croyait, ou voulait, à jamais disparu, enseveli, à celui des revenants, Freud qui a décrit ces moments d'inquiétante étrangeté, de trouble de la réalité, où le temps sort de ses gonds comme des morts de leur tombeau.

D'où vient l'emprise que les morts, que les disparus, exercent sur les vivants ?

Sehnsucht

Certains mots appartiennent en propre à une langue, ils sont difficilement transposables dans une autre. Le mot *Sehnsucht* est de ceux-ci comme *Stimmung, Gemut, Heimat, Unheimlich.* Ou dans la langue portugaise, *saudade.* Les langues slaves, chinoise, japonaise, langues que j'ignore, ont assurément les leurs. Pensons à une langue, la langue anglaise qui nous est assez familière, et à ce simple mot *Home.* Il ne désigne pas seulement notre maison mais toutes les formes que celle-ci peut revêtir. Quand Winnicott, par exemple, donne pour titre à l'un de ses livres ce vers de T. S. Eliot, *Home is where we start from,* pense-t-il à la mère qui nous a mis au monde, à la matrice qui nous tenait lieu de nid ?

En ce qui concerne notre propre langue, nous sommes bien en peine d'indiquer ceux qui ne seraient pas traduisibles. Nos mots, nous les avons d'abord entendus, imités, appris, ils constituent notre vocabulaire, étendu ou non, nous pouvons jouer avec eux, en inventer d'autres, nous forger une langue secrète. Nous appartenons à notre langue comme elle nous appartient. Il faut des circonstances bien particulières – un séjour prolongé dans un pays étranger notamment – pour qu'à son tour, cessant d'être naturelle, elle nous apparaisse comme une langue étrangère. Et c'est une expérience extrêmement troublante. Les mots familiers ont perdu leur évidence. Ils ne relèvent pas seulement de l'arbitraire, ils se sont éloignés de nous en même temps que nous d'eux. Le contrat tacite qui nous liait est rompu.

Seul sans doute le traducteur de poésie – de là sa souffrance face à l'impossibilité de la tâche – sait que tous les mots d'une langue sont maltraités par le passage, par la mutation d'une langue à une autre. Le traducteur peut bien conserver le sens des mots, alors réduits à des signes, mais il en perd la sonorité, la résonance qui étaient les leurs dans la langue d'origine. Il perd la chair des mots et leur âme.

Sehnsucht donne du fil à retordre à ceux qui lui cherchent des équivalents. « Nostalgie », non, ce n'est pas cela, car la *Sehnsucht* n'est pas nécessairement tournée vers le passé. « Désir ardent », sans préciser quel est son objet; soit, mais tous nos désirs, qu'ils soient ardents ou pas, visent un objet, même s'ils demeurent insatisfaits, voire la possession de cet objet, ce qui n'est pas le cas de la *Sehnsucht.* L'équipe de traducteurs des Œuvres complètes de Freud a opté pour le mot de désirance (absent de tous les dictionnaires) ; soit, mais ce mot rare, à supposer qu'il ait été un jour employé, s'apparente aujourd'hui à un néologisme, alors que *Sehnsucht* est aussitôt compris par un Allemand, fût-il inculte.

La *Sehnsucht*, je l'ai dit, n'est pas toujours orientée vers le passé. Elle n'est pas, comme la nostalgie, mal du pays, douleur de l'exil, attente du retour au pays natal, retour souvent accompagné de la déception comme si l'objet perdu devait la plus grande part de sa valeur au fait d'avoir été perdu. La *Sehnsucht* peut aussi bien s'orienter vers le futur, vers quelque terre promise également idéalisée, hors d'atteinte immédiate, et c'est l'aspiration à des lendemains qui chantent, là aussi voués au désenchantement.

François Gantheret a pu parler d'une « nostalgie du présent ». Un oxymore à première vue, et pourtant s'il nous permettait d'approcher de la signification secrète de la *Sehnsucht*? Le présent nous échappe, il est toujours imprégné de passé et de futur, il est insaisissable, volatil, il nous glisse entre les doigts, il est à peine perçu qu'il n'est déjà plus là. Alors la *Sehnsucht* témoignerait en nous d'un refus du temps qui passe, du temps qui inexorablement et irréversiblement s'écoule pour, *in fine*, nous mener à la mort. Refuser le temps des horloges et des calendriers, les minutes, les heures et les années, et les âges de la vie, et même, au-delà du temps, refuser toute séparation, toute division, ce pourrait bien être cela, la *Sehnsucht*. Donner au temps de l'épaisseur sans lui imposer de direction.

Présent insaisissable, oui, mais il arrive quand même que l'éphémère soit une source de joie, que la maudite flèche du temps ne l'atteigne pas. Ce sont ces instants, trop rares, qui nous donnent un sentiment de plénitude comme s'il y avait en eux de l'éternel. Les « moments parfaits » qu'évoque Sartre dans *La Nausée* auraient-ils à voir avec ça ?

Je renonce à traduire *Sehnsucht*, mais je ne renonce pas à l'éprouver car elle est au cœur de l'humain.

La traversée

Comme nous aimons nous remémorer les épreuves qu'a connues le « héros de l'endurance » tout au long de la traversée qui devait le conduire vers son île, lui faire retrouver son épouse tendrement aimée, son vieux père, son chien fidèle : retour ardemment souhaité et pourtant toujours différé tant les obstacles se multiplient et l'éloignent du but, parfois, pourtant, bien près d'être atteint.

Oui, comme la plupart des lecteurs de *L'Odyssée*, je me remémore ces épisodes en craignant d'oublier l'un d'eux. Je les fais défiler devant mes yeux. Car je les vois, comme si, compagnon parmi d'autres d'Ulysse, j'y avais pris part. Ils ne m'apparaissent pas toujours dans leur succession, ma vision est parfois lointaine, parfois rapprochée, et j'ai beau connaître la fin heureuse de la traversée – le retour à la maison, à la terre natale – je doute, face à chaque nouveau péril, qu'Ulysse parvienne à le surmonter. Il m'arrive même de confondre Circé et Calypso, de ne pas bien différencier les Lotophages, les Kikones et les Lestrygons, tel un voyageur d'aujourd'hui qui, après un périple en Amérique latine, assimilerait le Guatemala au Salvador et ne saurait plus où situer la Terre de feu. Mais peu m'importent ces imprécisions. *L'Odyssée* n'est pas un récit de voyage ou d'aventure, elle est un chant, et l'aède aveugle et visionnaire ne procède pas de manière continue ; de même, Ulysse, selon les circonstances, fait le récit d'un épisode, quitte à le reprendre plus tard à la demande d'un nouvel interlocuteur et puis viendra la relation d'une autre épreuve.

Pas de récit continu, donc. C'est qu'il ne s'agit pas d'un voyage mais d'une traversée, de la traversée d'une mer, le plus souvent hostile – tempêtes, naufrages –, de la traversée du temps, d'une traversée de l'inconnu peuplé de créatures étranges, de monstres et de chimères comme nous en rencontrons dans nos rêves et cauchemars. Alors les événements ne sauraient s'enchaîner en obéissant à une logique narrative, ils surviennent en vagues successives dans ma mémoire de lecteur.

Certaines scènes me sont plus présentes que d'autres : celle, inoubliable et qui me fait encore rêver, de la rencontre sur la plage de Nausicaa et de ses servantes affolées par l'apparition de cet homme nu, aussi beau que repoussant ; celle de Polyphème à l'œil unique, terré dans sa caverne, figure du tyran dévorateur de chair humaine ; et ce moment clé – celui qui sans doute donne la clé de *L'Odyssée* – où Ulysse refuse l'immortalité que lui propose Calypso. Non, c'est le destin de mortel qui est le sien, c'est le choix d'une vie qui ne cesse de se mettre en danger, le choix d'une vie d'homme qui soit une traversée.

Un épisode me reste énigmatique. Que chantent les Sirènes, ces femmes ailées qui séduisent et tuent ? Qu'y avait-il donc dans leur chant de si ensorcelant, au point de précipiter dans la mort les malheureux qui l'écoutaient, pour qu'Ulysse enjoigne à ses compagnons de se boucher les oreilles et se fasse, lui, ligoter de peur d'être séduit ? À quoi tenait le danger ? Aux paroles, à la voix ? Était-ce sous son apparente douceur un chant de douleur, un chant de nostalgie qui annonçait à Ulysse que le retour à Ithaque n'aurait jamais lieu, qu'il était impossible ou interdit ?

À moins que les Sirènes ne pleurent sur leur propre sort, ces créatures mixtes, ces monstres qui ne sont ni des femmes ni des oiseaux, qui n'ont ni forme humaine ni forme animale. En moins de deux, Circé la magicienne transforme les hommes en pourceaux, tout comme les Sirènes les transforment en débris d'ossements. Polyphème est cannibale. L'ordre humain, la forme humaine sont fragiles, et Ulysse, qui refuse d'être immortel comme les dieux et redoute d'être ramené à l'état de bête, y tient, à sa forme humaine. Est-ce elle que les Sirènes menaçaient? voulaient-elles le réduire à une pierre? *L'Odyssée* est aussi un livre de métamorphoses.

Est-ce pour demeurer un homme en mouvement qu'Ulysse s'est immobilisé un moment en se ligotant?

Qu'ont-elles pu bien lui murmurer, les redoutables Sirènes? « Toi qui prétends n'aspirer qu'au retour, souviens-toi que tu n'as d'abord aspiré qu'au départ, que tu as été guerroyer à Troie pendant des années. Toi qui prétends ne vouloir que rejoindre ta terre natale, pourquoi t'es-tu attardé dans des terres étrangères? Toi qui prétends n'aspirer qu'à retrouver Pénélope, reconnais que tu l'as bien oubliée, ton épouse chérie, pendant les sept années que tu as passées auprès de la nymphe Calypso, et quand tu rejoignais dans sa couche Circé, ou encore quand tu étais loin d'être insensible au charme de Nausicaa, la toute jeune fille. Et puis, dis-nous, comment se fait-il que ton désir proclamé ait pu rencontrer tant d'obstacles? Tu dois bien y être pour quelque chose, non? » Le tout insinué avec la voix doucereuse d'un sondeur d'âmes.

Ou encore, et ce seraient les paroles les plus cruelles : « Tu as été oublié, mon pauvre Ulysse. Tu t'imagines que Pénélope n'a fait qu'attendre ton retour tout ce temps. Tu te trompes, d'autres hommes l'ont aimée, l'aiment encore. Elle a cessé d'être ton épouse. »

Alors le doute, une immense tristesse s'emparent d'Ulysse ligoté.

Pénélope sera la dernière à reconnaître Ulysse, après Argos le chien, Eumée le serviteur, Laërte le père. Ils avaient tous immobilisé le Temps comme si Ulysse ne les avait jamais quittés. Pénélope, elle, avait tué le temps, en tissant et détissant jour après jour.

Quant à Ulysse, le héros de l'endurance, il avait traversé le Temps, et Homère avec lui. Reconnu, il ne se nommera plus « Personne », il a retrouvé son nom propre. Il a retrouvé un point fixe : Ithaque, Pénélope. Il renaît. Il peut mourir.

Origines

Quête incessante des origines. On la sait vaine, on sait qu'elle ne peut aboutir et pourtant on la poursuit, on se refuse à y renoncer.

Le récit de la Genèse a le mérite d'offrir une réponse : « Au commencement était Dieu qui créa le ciel et la terre. » Et avant Dieu? La question n'a pas à être posée : *Deus causa sui.* Les « créationnistes » américains, adversaires résolus de la théorie darwinienne de l'évolution, consentent à corriger le récit biblique : il se pourrait que Dieu n'ait pas créé le monde en quelques jours, que la création ait été un processus, que Dieu ait pris son temps pour mener à bien son « grand dessein » et le réaliser tel qu'il l'avait programmé.

Mais tout change avec le renversement qui fait de l'homme l'inventeur de Dieu. Alors la quête des origines, les hommes s'y adonnent avec l'espoir insensé de saisir le commencement premier : origine de la vie, origine du premier homme, origine du langage et des langues, origine du chant, de la tragédie, origine des civilisations, origine du Mal si Satan ne l'incarne plus, origine des étoiles, origine de l'Univers et c'est une explosion, un Big Bang qui, sous ce nom qui pourrait être celui d'un héros de bande dessinée, se substitue au Dieu créateur. Mais avant? Une soupe primitive. Mais avant la soupe?

On dirait que nos savants, astrophysiciens, biologistes, paléontologues, archéologues, préhistoriens, nos généalogistes se posent, chacun à leur manière, la question que nous nous posions à cet âge métaphysique qu'est celui de l'enfance : D'où viennent les enfants? D'où je viens, moi? Aucune réponse ne pouvait nous satisfaire : ni celle des fables racontées par les adultes, la cigogne autrefois, la petite graine aujourd'hui, ni la « scientifique », également incroyable; entre la rencontre aléatoire d'un spermatozoïde et d'un ovule et moi, le hiatus décidément est infranchissable.

Courbet : je vous la montre, à toi l'enfant, à vous les hommes, l'origine du monde. Vous pouvez la voir dans une salle du musée d'Orsay. Arrêtez-vous, vous y êtes, je ne vous cache rien. Si : ce qui se cache entre les cuisses de la femme sans visage, c'est l'intérieur, un intérieur invisible, lui, c'est la mer intérieure d'où vous venez, là où certains d'entre vous rêvent, dit-on, de retourner. Invisible, tel un dieu caché.

Freud était féru d'archéologie, aimait s'entourer de statuettes antiques, sa bibliothèque était pleine d'ouvrages de mythologie, il appréciait Schliemann reconstituant la ville de Troie, il attendait de ses patients qu'ils remontent toujours plus loin dans leur passé : sans régression, aucune avancée possible.

La « jeune science » qu'il avait fondée, celle dont il revendiquait l'origine, n'échappe pas, au-delà de la reconquête du passé, de la levée de l'amnésie infantile, à la recherche de l'origine. Le point de départ de la névrose a pu changer d'appellation : traumatismes, dont celui de la naissance (Rank), séduction précoce, fixation à des figures archaïques, complexe d'Œdipe qui se refuse à s'estomper...

L'origine peut aussi être cherchée dans la réalité « objective » : environnement défaillant, mère folle ou dépressive, absorbée en elle-même, père alcoolique, cruel ou humilié, famille pathogène, transmission d'une génération à une autre, phylogenèse à l'arrière-fond de l'ontogenèse, l'individu n'étant qu'un chaînon dans l'espèce humaine.

Étiologie : science des causes. Faut-il confondre cause et origine ?

Les causes peuvent être multiples, elles peuvent être éloignées dans le temps de l'événement, être évoquées rétroactivement : causes d'une guerre, d'une révolution, d'une crise économique. L'origine, nous la voulons unique, nous voulons qu'elle échappe au temps qui passe, nous disons, comme les contes, « il était une fois ». Une fois, non datable, dans la nuit des temps. L'origine est un *avant* qui n'aurait pas d'*avant* et engendrerait (j'emploie ce mot à dessein) une succession d'*après.*

Le vertige nous prend : quelle serait l'origine du temps ? Et l'angoisse : tout commencement ne suppose-t-il pas une fin ? l'avènement de l'homme n'annonce-t-il pas la fin de l'homme ? Certains, on les prend pour des grands fous, nous annoncent l'imminente fin du monde. *Apocalypse now, No future.* Une seule vérité, le nihilisme. Nos vies : une agonie différée.

Insaisissable origine. Préservons du moins les commencements : cet échange de regards qui annonçait l'amour, ce jour où, pour la première fois, j'ai vu la mer, ce matin où mon fils est né, tant de premiers commencements qui étaient comme la promesse qu'ils seraient suivis de beaucoup d'autres.

L'amour des commencements guérirait-il de la quête lancinante de l'insaisissable origine ?

L'espace infini de l'originaire, je le traverse dans mes rêves. Ce n'est pas moi qui cherche à y accéder, c'est lui qui m'enveloppe, et alors j'ai tous les âges, je suis un animal féroce, un végétal, une étoile, un rocher, un fleuve, un feu qui brûle, un oiseau, un poisson, je nais et je meurs.

On dit que le rêve est un enfant de la nuit. Il est l'enfant de la nuit des temps.

La vision première

Enfant, il recherchait les ombres, il aimait se cacher sous les grands rideaux, il aimait se rendre invisible. Plus tard, il dira que tout son art était limité aux seules ressources du clair-obscur; ses premiers dessins au fusain, il les appellera ses « noirs »; il viendra tardivement à la couleur.

Le 6 mai 1887 Odilon Redon, alors âgé de quarante-sept ans, note dans son Journal : « Après des jours d'appréhension infinie, d'inquiétude et de trouble incessant, car je n'avais jamais vu naître autour de moi (ni frère ni sœur, célibataires, ne m'avaient révélé l'adorable privilège de la nativité), novice enfin dans cette angoisse, je vis naître en plein jour, par une journée humide et chaude, mon fils Jean. Je l'aimais d'emblée. »

Jean mourra six mois et demi plus tard. « La mort d'un enfant laisse le cœur en litige [...] Il me semble qu'au jour dernier, quand j'irai dormir au même inconnu que lui, des ondes invisibles se rapprocheront pour se confondre, venues de lui, venues de moi. »

Des ondes *invisibles* relieront le père et l'enfant quand ils auront cessé de se *voir.*

Dans le Journal, intitulé *À soi-même,* je n'ai pas trouvé de pages qui relèvent à ce point de la confidence intime. Les autres notes de Redon sont avant tout des considérations sur la peinture, rarement sur la sienne, ou sur la nature que lui avait appris à connaître le botaniste Armand Claveau, ou encore sur la maison familiale de Peyrelebade, dans le Médoc, une maison bien-aimée, qu'un jour il fallut vendre. Pourquoi faut-il que le visible qu'on voudrait éternel cesse d'être vu, que ce qu'on touche devienne un fantôme impalpable, que l'adorable mystère de la nativité préfigure cet autre mystère qu'est la mort ?

Chacun connaît ces mots, souvent cités, auxquels avait recours Odilon Redon pour définir modestement son art : « une petite porte ouverte sur le mystère. »

Durant les quelques mois de la brève existence de Jean, son père fait plus que l'observer, on dirait qu'il ne le quitte pas des yeux. Émerveillement doublé d'inquiétude. Émerveillement devant ces mains, cette bouche. « La conscience de cet être qui va être, cet attachement subtil et nécessaire me domine entièrement. » Inquiétude croissante, durant des jours et des mois, face à l'infinie faiblesse du moribond. L'enfant merveilleux est un moribond. Bientôt ses yeux seront clos, des yeux dont son père écrit qu'ils étaient imprégnés d'éclat nocturne. Qu'auront-ils vu dans le peu de jours où l'enfant était encore en vie ?

Les yeux clos, Odilon Redon les a peints délicatement plusieurs fois : Ophélie, Ève, la Vierge, Orphée, le Christ. Mais son obsession ce fut l'œil, l'œil unique, celui du cyclope. Cet œil énorme il le figure dans une de ses premières lithographies de la série « Les origines ». Elle a pour titre *Il y eut peut-être une vision première essayée dans la fleur*. Autres titres de la même série : *Le polype difforme flottait sur les rivages, sorte de cyclope souriant et hideux*, *Le Satyre au cynique sourire* (dont on ne voit que l'œil droit), *L'œil comme un ballon bizarre se dirige vers l'infini*.

Yeux clos, surtout ceux de femmes. Œil unique, celui dont les origines sont végétales, animales, celui de la vision première, proche de l'hallucination, celui, monstrueux qui voit des monstres, des créatures étranges qui suscitent l'effroi, la répulsion, comme le Sciapode. Les yeux clos, eux, donnent accès aux rêves ou à la prière (Odilon Redon était croyant).

Quel est donc le regard du peintre ? Est-ce celui, visionnaire, de l'œil unique seul à même de pénétrer dans les régions les plus obscures ? Est-ce celui, ouvert sur le songe, à quoi accèdent les yeux clos ? Odilon Redon n'a pas voulu choisir, alternant ces deux formes du regard.

Vers la fin de sa vie, il peint des bouquets de fleurs, mêlant à des fleurs réelles des fleurs imaginaires et qui n'avaient rien d'effrayant. Il a peint aussi des portraits de femmes, simplement belles, apaisantes.

Cet homme que je crois avoir été doux et paisible et dont on sait qu'il détestait la violence a trouvé dans la peinture un remède pour surmonter la perte de l'enfant mort en *figurant* l'horreur et en *représentant* la grâce éphémère des fleurs, des femmes ou celle des fantômes qui peuvent être aimables quand ils sont évanescents.

Vision première affrontant le noir des ténèbres dans un face-à-face, comme dans nos cauchemars. *Représentation*, plus proche de la vue, comme dans nos rêves à même d'apprivoiser le fantastique.

« Mettre la logique du visible au service de l'invisible. »

« Voir et bien voir sera toujours le précepte premier de l'art de peindre. Mais il importe de connaître la nature de l'œil. »

L'œil de l'esprit

Caspar David Friedrich disait ne pas vouloir « sacrifier aux exigences du temps », signifiant par là qu'il entendait non pas obéir aux modes de son époque mais aller à contre-courant. S'il peignait des paysages, ce seraient des paysages subjectifs, ce serait son arrière-pays intérieur. J'imagine qu'en parlant du temps il visait autre chose qu'une époque, mais le Temps, celui que nous nous représentons communément comme un fleuve qui s'écoule, rapide ou lent selon les heures et les jours, mais qui a un commencement et une fin. C'est de ce temps-là que Friedrich récuse les exigences.

Que regardent-ils, cet homme vêtu de noir, ce moine face à la mer ou cet homme et cette femme embarqués sur un voilier qui les emportera ailleurs, un ailleurs qu'ils ignorent mais auquel ils aspirent tout comme cette jeune femme face à une fenêtre ouverte ? Ils nous tournent le dos et nous, spectateurs des tableaux, nous sommes appelés à voir ce qu'ils regardent.

Non, ils ne regardent pas, ils contemplent, et par là même nous invitent à la contemplation : « Ferme l'œil de ton corps pour d'abord voir ton tableau avec l'œil de l'esprit. »

Ce qu'avec les personnages nous contemplons dans le silence (Friedrich se méfiait du langage, surtout des mots écrits, ce « scribouillage »), c'est la mer, ce sont des rochers, des récifs, des falaises de craie, c'est un ciel noyé dans une brume qui dissout les frontières, ce sont des arbres morts, des croix et des cimetières, c'est, comme autour de ce moine solitaire, un vaste espace vide, c'est la lune, c'est un monde qui pourrait très bien se passer de la présence humaine. C'est un temps, c'est un monde infinis. L'art de Friedrich est l'art de l'infini.

Ce monde infini, est-ce le monde d'*avant*, celui du « savant chaos », celui que figure *La Mer de glace* – une des plus belles toiles du peintre –, celui d'avant l'apparition de la vie ? Est-ce le monde d'*après* quand l'homme, cet être *fini*, voué à la mort, aura disparu de la Terre ? Mais y a-t-il un sens à vouloir différencier l'avant et l'après s'il est vrai que le temps est infini ?

Ce monde que nous n'avons pas créé, il ne nous reste qu'à le contempler pour tenter de nous unir à lui dans sa radicale étrangeté.

Friedrich, dit de lui David d'Angers, riait rarement et alors son rire avait la naïveté d'un enfant. Mais le plus souvent, si l'on en croit les portraits qui ont été faits de lui, c'était un homme sombre. Son regard vous transperce. Sa mélancolie native virera sur le tard à la folie de la persécution : « Où que tu ailles, en quelque lieu que tu sois, tu peux être sûr que l'on rôde autour de toi; qu'on observe de loin, où que tu sois assis, où que tu sois couché, ce que tu fais, ce à quoi tu t'affaires. » Le sentiment de l'infinité du divin qui animait Friedrich aurait-il été perdu? L'œil de l'esprit aurait-il abandonné le peintre pour laisser la place à l'œil qui, sans répit, observe, ne sait plus qu'observer?

La mélancolie voue celui qui en souffre, mais peut-être y trouve-t-il quelque secrète jouissance, à être la proie de l'objet perdu – il ne vous lâche pas, il est déjà un objet persécuteur, mais clos à l'intérieur de soi. Quel était l'« objet perdu » de Friedrich? Toutes ces morts qui avaient marqué son enfance et sa jeunesse : mère, sœurs, et ce frère qui se noya en voulant le sauver lors d'une partie de patinage sur la Baltique gelée? Ou bien le perdu pour Friedrich, au-delà de ce désastre qu'est la succession des morts qui fait de la terre un cimetière, ne serait-ce pas le Temps infini, ce temps que nous cherchons à rejoindre, qui abolit la mort et auquel son art nous donne accès, nous faisant croire que le perdu peut être retrouvé.

J'ai connnu tardivement les œuvres de Caspar David Friedrich. Ce fut pour moi une révélation, comme si par lui je découvrais que toute la peinture, pas seulement la sienne, n'avait qu'une fonction : rendre visible l'invisible et permettre à notre champ visuel, si étroit, de n'avoir plus de limites. On n'observe pas un tableau, on le contemple pour entrer en relation avec l'inconnu. Avec des dieux inconnus peut-être afin qu'ils ne nous oublient et ne nous abandonnent pas ou ne nous précipitent dans le chaos de quelque mer de glace. Même pour les incroyants dont je suis – Friedrich, lui, était un croyant fervent, de religion protestante –, il y a dans la contemplation quelque chose de l'ordre de la prière.

Pour conclure, ces mots de Friedrich que ne désavouerait pas Jean Clair : « Les salles de musées sont à présent considérées comme des foires où, en passant, on juge et on blâme des marchandises nouvelles ; alors qu'elles devraient être des temples. »

L'œil de l'esprit est absent des « foires ». Il va de pair avec la solitude, le silence. Il est asocial comme le rêve, comme le geste du peintre, et comme nous durant le temps de la lecture, cette parenthèse heureuse où nous oublions l'heure.

Cet œil-là nous invite à regarder ailleurs.

Îles

Toutes ses vacances, depuis des années, il les passait dans des îles. Ce fut d'abord la Sardaigne dans un temps où elle n'était guère fréquentée, à Santa Teresa Gallura « vous connaissez ? » – non, je ne connaissais pas. Puis Belle-Île pendant plusieurs étés consécutifs. Là, il savait que je connaissais, nous nous y étions croisés. Et l'île d'Yeu, l'île de Ré, avant l'existence du pont, et l'île de Skye, au nord de l'Écosse, où il s'était cru au bout du monde. Port-Cros le déçut, une petite île trop fermée sur elle-même comme une citadelle : « J'ai dû mal m'y prendre, je n'ai jamais trouvé les sentiers qui donnaient accès à la mer. » Il lui avait préféré Porquerolles, encore que cette île, trop proche du Lavandou, fût envahie par des visiteurs, il fallait attendre la fin du jour pour qu'elle retrouve son calme.

Un été, ce fut la Corse, aux abords de Porto-Vecchio. Il n'aima pas. À ses yeux ce n'était pas vraiment une île, en tout cas pas comme celles qui l'attirent, et puis elle avait perdu sa sauvagerie, elle s'était livrée à une foule, friquée, de surcroît. Il cassa le ventilateur censé le protéger de la canicule en le faisant tourner à grande vitesse, il se querella avec sa compagne, il se fit une entorse en glissant sur un rocher. Il alla vers l'aéroport en boitillant. Il cessa de boiter dès qu'il eut remis le pied sur le continent.

Il garda toujours le projet d'aller passer quelques jours à l'île d'Ouessant, à l'île de Sein.

Il connaît par cœur les noms de toutes les Cyclades. Quand il nomme Délos, je revis cette nuit que, trompant la vigilance du gardien, j'y avais passée, étendu à même le sol avec Anne toute dorée et la blanche colonne d'un temple à mes côtés.

Quand il feuillette un atlas, il rêve sur les noms : îles Éoliennes, îles Galápagos, îles Fortunées, îles Kerguelen. L'idée que l'origine de Paris est l'île de la Cité, celle de New York, l'île de Manhattan, le séduit. « Vous comprenez, me dit-il, c'est comme si nous étions tous nés dans une île, que l'île était notre pays natal. »

Quand je le retrouve en septembre, il ne manque jamais d'évoquer, dès sa première séance, les jours, le plus souvent délicieux, qu'il a connus dans l'île où il a séjourné cet été-là. Il m'indique le nom du village, l'adresse du petit hôtel au bord de la plage ou celle de la maison qu'il a louée.

Les îles : il sait qu'il n'est pas le seul à s'y plaire et cela l'inquiète : toujours la crainte qu'elles ne soient envahies par des intrus. Leur accès devrait être réservé à quelques élus comme lui. Un petit nombre d'élus. Il se demande à quoi tient le pouvoir d'attraction qu'elles exercent sur lui. Les réponses qui lui viennent ne le satisfont pas, elles lui paraissent trop simples : un lieu bordé de tous côtés par la mer, un territoire loin de la rumeur des villes, où la seule violence serait celle du vent et des vagues.

Et puis il précise : « Vous comprenez – il insiste pour que je comprenne, pour que je l'accompagne –, c'est un morceau détaché du reste de la terre, un morceau de terre qui a voulu et obtenu son autonomie. » Et il ajoute : « Me détacher de mon milieu social, de ma famille et, pour un temps au moins, rompre avec les tâches contraignantes qui absorbent mon temps, et avant tout me détacher de moi-même, c'est à quoi j'ai toujours aspiré.

« Me détacher sans me perdre. »

De mon côté, je pense, en m'abstenant de le lui dire tant je suis convaincu qu'il l'éprouve lui aussi, que le lieu où nous nous retrouvons, isolé du monde extérieur, est une île, que la succession des séances est un archipel, que dans ce qui auparavant lui paraissait être un enfermement (Port-Cros citadelle) des brèches viennent à s'ouvrir, des brèches qu'il n'y a pas lieu de colmater, car ce sont des ouvertures. Si seulement le prisonnier, une fois libéré, pouvait respirer l'air du large !

Paradoxe de l'analyse : un temps mesuré – rythme et durée fixes des séances –, et un hors-temps, celui de l'inconscient; un espace clos – le cabinet, le cadre immuable, le secret des échanges –, et un espace intérieur ouvert, sans frontières, une traversée qui nous fait découvrir ce qui nous détermine à notre insu et un apprentissage laborieux de la liberté.

Un lieu d'attachement et de détachement.

Il y a des années de cela, l'homme dont je parle m'annonce que ses prochaines vacances il s'apprête à les passer dans une presqu'île. *Presque* : pas tout à fait une île, pas tout à fait le continent. Alors je me suis dit que la fin de son analyse approchait.

Je n'ai pas songé à le retenir. Depuis un certain temps, je me trouvais trop proche de lui, il était devenu mon semblable, un autre moi-même. Trop de similitudes dans nos biographies respectives, dans nos plaintes, nos attentes. Et, depuis que je l'écoutais, qu'il était à mes côtés, je faisais un rêve répétitif qui figurait, plutôt que des îles, des bras de mer…

Je le connaissais, je croyais le connaître, mieux que moi-même. Il me quitta, nous nous quittâmes. Nous nous dîmes l'un et l'autre merci.

De lui, je n'eus plus de nouvelles. Jusqu'au jour récent où une de ses amies m'adressa une lettre m'informant que Jean-Paul B. avait disparu. Elle croyait savoir, sans en être certaine, qu'il s'était noyé quelque part dans l'océan Pacifique, entraîné par un courant. Ma correspondante se demandait, Jean-Paul étant un excellent nageur, s'il ne s'agissait pas d'une forme de suicide. Pour ma part, je récusais cette idée. Je préférais imaginer qu'il avait trouvé refuge dans une île lointaine, une île dont j'ignorais le nom où allait se cacher jusqu'à sa mort celui que je croyais bien connaître.

Sans que je sache pourquoi, voici que soudain je me suis souvenu du désarroi de Jean-Paul quand il avait perdu des objets auxquels il tenait, plus que tout, disait-il. Je me suis souvenu du jour où il était arrivé chez moi, effondré, parce qu'il avait égaré son carnet d'adresses – l'avait-il laissé tomber de sa poche ? quelqu'un s'en était-il emparé ? Et de cet autre jour où il me raconta que, lors de ses vacances, il avait abandonné, avant de plonger dans l'océan, ses lunettes de myope sur la plage ; il avait dû rejoindre difficilement son hôtel, hagard, presque aveugle, titubant comme un homme ivre.

« C'est quand même étrange, me dit-il, ce don que j'ai de perdre ce qui m'est indispensable ou ce qui m'est précieux. Tenez, par exemple, la montre-bracelet de mon père, dont j'ai hérité, perdue ! Et mon alliance, peu de temps après mon mariage, et avant mon divorce, perdue, ce qui avait fait bien rire mes amis ! »

Le carnet d'adresses fut retrouvé, ainsi que les lunettes rapportées par un gamin. « Je revois encore son visage souriant, je me suis confondu en remerciements, je l'ai appelé mon ange gardien, il a dû me prendre pour un fou. Vous n'imaginez pas la joie qu'on éprouve alors, plus intense que l'angoisse qu'accompagne la perte. Retrouver l'objet perdu, c'est se sentir renaître, c'est un immense cadeau qui vous est fait, alors qu'avant, quand elles étaient en votre possession, ces choses, on ne soupçonnait pas à quel point on y tenait. »

Jean-Paul n'a jamais retrouvé la montre de son père.

J'imagine follement que, demain peut-être, ou bien plus tard, dans dix, quinze ans, il viendra sonner à ma porte : « Alors, Docteur – c'est ainsi qu'il m'appelle –, cela me fait plaisir de vous revoir. Vous n'avez pas changé. Vous allez bien ? »

Infantilisme

Certains prétendent détester leur enfance. Louis M., lui, l'aimait plus que tout. Ce qu'il aimait, ce n'était pas tant l'enfant qu'il avait été que l'*état d'enfance.*

Son père et sa mère – il ne les différenciait guère l'un de l'autre – ne l'avaient ni particulièrement choyé ni maltraité, ils s'étaient montrés attentionnés, pas très chaleureux peut-être, mais enfin il n'avait pas à se plaindre d'eux. Ils étaient tous deux très absorbés par leur travail, ils s'aimaient, et Louis se tenait à l'écart comme s'il craignait de les déranger et préférait se laisser oublier.

Ce qui faisait l'objet de sa nostalgie, c'était un temps, privilégié à ses yeux, un temps, affirmait-il, dont on pourrait dire qu'il était à la fois hors du temps et bien délimité. « Contrairement à la plupart des enfants, je n'avais aucune envie de grandir. »

Il me faisait penser à Oblomov, ce héros ou cet anti-héros du roman de Gontcharov, qui, comme lui, aurait voulu ne jamais quitter le temps et la maison de son enfance.

La maison familiale, en Ardèche, une ancienne petite ferme, loin de toute ville et même à bonne distance de tout village, Louis se plaisait à me la décrire : la longue table de la salle, l'âtre de la cheminée et le petit banc face au feu où il pouvait passer des heures à lire, à rêver, sa chambre sous les combles, les recoins où il aimait se réfugier – de quoi se protégeait-il? –, et qu'il appelait ses « solitudes », la campagne alentour, les bêtes qu'il croisait dans les bois, l'étang où, l'été, il allait se rafraîchir, barbotant entre les poissons, les arbres dont il connaissait tous les noms, comme ceux des oiseaux et des insectes, enseignant au citadin que je suis l'histoire naturelle avec la passion d'un Buffon, la précision de l'entomologiste Fabre; il me donnait accès à tout un monde de sensations. Comme les mots, alors, me paraissaient exsangues!

Certains hommes, j'en ai connu, ont la phobie du contact physique, ils redoutent une simple poignée de main, y voient une intrusion, un viol de leur intimité. Louis M., lui, recherchait le contact. Il rêvait quand il marchait à travers les prés et les bois de pouvoir se saisir d'un oiseau pour lui caresser les ailes, d'attraper un lapin pour lui caresser les flancs; à défaut il lui arrivait de caresser l'écorce des arbres.

Chacune de ses journées ressemblait à la précédente, et pourtant il allait, jour après jour, de découverte en découverte. « J'avais, me dit-il, le sentiment d'inventer le monde. »

Mais – « Rien de plus stupide, de plus inacceptable que la formule affirmant que les meilleures choses doivent avoir une fin » – il lui avait fallu renoncer à l'état d'enfance, quitter ce monde riche, inépuisable de sensations, il lui avait fallu, devenu adulte, s'adapter progressivement à une autre réalité, s'y adapter, non : s'en accommoder. Il s'en était si bien accommodé que ses amis considéraient sa vie comme une réussite. Sa profession lui assurait des revenus confortables, ses parents étaient désormais fiers de lui, il était riche mais lui pensait qu'il n'avait fait que s'appauvrir, qu'il lui manquait l'essentiel. « Je ne peux quand même pas, me dit-il en souriant, retomber en enfance. »

Et puis, le mois dernier, il dut subir une opération chirurgicale qui nécessita une semaine d'hospitalisation : une ablation de la rate, ce n'était pas grand-chose pour lui par rapport à l'ablation de son enfance. Je le revis quelque temps après son séjour à l'hôpital. L'épreuve l'avait marqué. Pas les douleurs consécutives à l'intervention qu'atténuait la pompe à morphine, il en avait pris son parti. « Moi qui vous parlais de retomber en enfance, là, j'ai été servi. Vous n'imaginez pas – si, je l'imaginais très bien pour avoir connu une expérience similaire – comment j'ai été traité : comme un débile mental, une pauvre petite chose livrée aux infirmières, aux aides-soignantes, aux médecins. Passif, impuissant, dépendant de leur bon ou mauvais vouloir. Infantilisé, voilà le mot. »

Comme il s'était effacé le temps où il avait eu la certitude d'« inventer le monde » !

Il me rapporta des mots qui lui avaient été insupportables : « Tenez, voici votre petit pyjama » et cet emploi du « Il » le désignant : « Il a bien dormi ? Il n'a pas touché à son plateau-repas, ce n'est pas bien ça ! » Et l'infirmière qui le réprimande parce qu'il a maladroitement déplacé son cathéter, ce qui a provoqué un léger saignement. « Vous croyez que je n'ai que ça à faire ! » Et l'interne, jamais le même, qui jette un coup d'œil sur la feuille accrochée au bout du lit et se trompe sur son nom. Et le voisin de chambre qui gémit tout en laissant fonctionner bruyamment le téléviseur des heures durant. Et l'attente prolongée pour obtenir son bon de sortie parce que le médecin qui doit le signer est parti en week-end.

Pas question de protester par crainte de représailles. Se montrer docile, être considéré comme un bon malade qui ne fait pas d'histoires. « Bon élève, c'est ce que disait de moi mon instituteur. Bon petit garçon, c'est ce que disaient mes parents. »

Il poursuit : « Vous comprenez, ce qui m'interdit de me plaindre, c'est que j'ai été en un sens bien soigné : opération parfaitement conduite, suivi médical. Oui, je dois reconnaître qu'on a pris soin de moi. De moi, non : de mon corps, mais je me suis senti nié dans mon existence. Cela peut paraître étrange, non ? » Toujours il recherchait mon acquiescement.

Je repense à ce qu'il m'avait dit de ses parents, qu'ils étaient « attentionnés » et qu'il n'avait aucun grief à formuler à leur endroit. Il n'avait manqué de rien en fait de nourriture et de vêtements. Ils veillaient avec bienveillance sur ses leçons à apprendre, ses devoirs à faire. Mais il était convaincu qu'ils ne l'avaient pas aimé, enfin pas aimé comme il aurait tant voulu l'être, qu'ils n'avaient jamais vu en lui un être singulier, différent.

Ce n'est que très tardivement qu'il apprit que sa mère avait, des années avant sa naissance, mis au monde un enfant mort quelques jours plus tard. Il pensait qu'il n'avait jamais été pour elle qu'un enfant de remplacement, incapable de combler la place vide laissée par l'enfant d'*avant* et que c'était lui, l'enfant d'*après*, plus que l'enfant mort, si présent dans son absence dans le cœur de sa mère, qui était réduit à une « pauvre petite chose ». « Vous allez vous moquer de moi, mais j'ai imaginé que tout le personnel de l'étage m'avait oublié, que j'allais rester là, des jours et des nuits, dans cette chambre au bout du couloir. Oublié, abandonné comme si, aux yeux des médecins, des infirmières, j'avais cessé d'exister, comme si je n'avais jamais existé. »

Seuls les arbres, les plantes, les bêtes, les oiseaux lui tenaient compagnie, ils étaient la vie, la source de la vie.

L'expérience de l'hôpital fit découvrir à Louis une face cachée de l'état d'enfance.

Cet âge (mais lequel ?) est sans pitié

Un abécédaire

Avant, *pour tout un chacun, c'est son enfance. Qu'on y voie le temps d'un vert paradis ou qu'on la dénigre comme Sartre dans* Les Mots, *qu'elle soit l'objet d'une nostalgie ou qu'on se réjouisse d'en être sorti, tel le prisonnier délivré de sa cellule, tant elle fut malheureuse, on ne se lasse pas de l'évoquer, cet âge-là, de s'en remémorer les moments précieux, comme s'il y avait en lui quelque chose d'inoubliable qui aurait façonné notre futur en y laissant à jamais sa marque.*

Ces pages, d'abord destinées à un numéro de revue intitulé La Haine des enfants *– titre à entendre dans sa double direction : l'enfant jaloux, possessif, haineux, cruel, insoumis, rebelle ; l'enfant abandonné, détesté, maltraité, souffre-douleur, séquestré, maudit –, ne s'inscrivent pas dans la longue et inépuisable tradition des récits d'enfance. J'ai tout naturellement choisi, s'agissant de l'enfant, la forme de l'abécédaire. Avant de raconter et de nous raconter des histoires, avant de nous familiariser avec la grammaire, la syntaxe, l'orthographe, il nous a fallu* *d'abord ânonner puis apprendre et mémoriser l'alphabet, de A à Z sans omettre une seule lettre.*

On verra que suivre l'ordre alphabétique, avec ce qu'il comporte d'arbitraire, permet le surgissement, à travers des citations prélevées ici et là, de pas mal de désordres inattendus.

*Un regret : l'*infans*, par définition, n'a aucune chance d'apparaître dans un abécédaire…*

★

ABANDON : « Éva, encore Éva, et ces horaires rigides de l'école ou de la garderie. Sa fille Éva. "Éva est mon enfant", a-t-elle écrit plusieurs fois dans son cahier, comme pour s'en convaincre. Ou bien, encadré : "Éva est tout ce que j'ai au monde." Et, de jour en jour, Thérèse parvient à être vaguement mère. Elle fait ce qu'elle peut pour sa fille. Elle s'applique, s'efforce de penser aux tâches qu'elle doit accomplir pour Éva. Et les années passent. Quand Éva était bébé, réussir à faire ce que doit faire une vraie mère était presque facile. C'est une belle petite fille à présent. Elle grandit vite. Bientôt, heureusement, elle pourra se débrouiller. Et Thérèse lutte très fort contre l'envie empoisonnée de ne jamais revenir. »

PIERRE PÉJU, *La Petite Chartreuse*

Ange : « L'enfant, Victor Hugo et bien d'a
l'ont vu en ange. C'est féroce et infernal qu
faut le voir. Il faut casser l'enfant en sucre. »

Jules Renard, *Journal*

Babouin :

« L'enfant lui crie : "Au secours, je péris."
Le magister, se tournant à ses cris,
D'un ton fort grave à contretemps s'avise
De le tancer : "Ah le petit babouin !
Voyez, dit-il, où l'a mis sa sottise !
Et puis, prenez de tels fripons le soin.
Que les parents sont malheureux qu'il faille
Toujours veiller à semblable canaille !
Qu'ils ont de maux ! et que je plains leur sort." »

La Fontaine,
« L'Enfant et le Maître d'école »

Bagarres : dans la cour de récréation, scènes de ménage, guerres entre nations : c'est lui, c'est elle, c'est eux qui ont commencé.

Conception :

« Ah ! que n'ai-je mis bas tout un nœud de vipères,
Plutôt que de nourrir cette dérision !
Maudite soit la nuit aux plaisirs éphémères
Où mon ventre a conçu mon expiation. »

Charles Baudelaire, « Bénédiction »

Dévoration : « Un géant se confectionna un délicieux sandwich ainsi composé : un nourrisson entre une tranche de père et une tranche de mère. »

M. Charles Chassé,
mon professeur d'anglais
en classe de sixième, grand amateur
de *nonsense* et de Mallarmé

« Rhéa subit la loi de Cronos et lui donna de glorieux enfants. Sans cesse aux aguets, le grand Cronos dévorait tous ses enfants. »

Hésiode, *Théogonie*

Effacement : « Il n'aspirait qu'à se faire tout petit, qu'à disparaître. Il connaissait la douleur qu'infligent les maîtres, l'administration aveugle par leurs réprimandes et leurs questions et il connaissait aussi la douleur qu'infligent les autres, les camarades brutaux, surtout ceux qui savent torturer les âmes par des railleries affreuses, ou par des humiliations qui font souhaiter la mort. Déjà même, plusieurs fois, il avait songé à se tuer ; mais une crainte religieuse l'en avait empêché. Il se résignait donc à vivre. Et même, il essayait de paraître gai. »

Valery Larbaud, *Fermina Márquez*

Espoir : « L'abîme est là qui gronde et les enfants sourient. »

Victor Hugo, *L'Art d'être grand-père*

Florilège : « Sexuels les bercements et la jolie balançoire. Sexuelle et sans pitié l'étonnante cruauté du petit homme. Qu'ai-je oublié ? Son goût du masochisme ? Et qu'il est voyeur et dépourvu de toute pudeur ? Aucun plaisir ne l'assouvit, aucun ne l'arrête ; il sera tour à tour cannibale, homosexuel et incestueux. »

Michel Gribinski,
préface aux *Trois Essais sur la théorie sexuelle*
de Freud

Graines d'assassins : Propos tenus par un père sévère à ses deux fils indociles. L'un est devenu président de cour d'assises, l'autre est devenu prêtre.

Haine : « Avoir besoin de la souffrance des autres pour se sentir exister. »

Jean-Paul Sartre, *Huis clos*

La haine peut se diriger sur n'importe quel « objet » : père, mère, frère, étranger, Juif, Arabe.

Une fois qu'elle a élu sa proie, elle n'en démord pas.

Si l'on en croit Pascal : « La vraie et unique vertu est de se haïr. »

IDOLÂTRIE : Envers de la haine. Sa Majesté le bébé, enfants-rois, stars, Hitler, Staline, etc. Inévitablement les idoles sont promises, un jour ou l'autre, à la destruction. La statue chute. L'excès d'amour est meurtrier.

INCIVILITÉ : Euphémisme actuel pour désigner injures, insultes, chapardages, dégradations diverses, bras d'honneur d'automobilistes, pneus déchiquetés, etc. « J'ai la haine. »

INFANTICIDE : « Chez Dostoïevski, un enfant qui meurt est toujours un enfant qu'on tue. »

PHILIPPE FOREST, *Le Roman infanticide*

INTIMITÉS : « Mme Lepic avait la manie de changer de chemise devant moi. Pour nouer les cordons sur sa gorge de femme, elle levait les bras et le cou. Elle se chauffait aussi à la cheminée en retroussant sa robe au-dessus des genoux. Il me fallait voir sa cuisse ; bâillant ou la tête dans ses mains, elle se balançait sur sa chaise. Ma mère, dont je ne parle qu'avec terreur, me mettait en feu.

Et ce feu est resté dans mes veines. Le jour, il dort; mais, la nuit, il s'éveille, et j'ai des rêves effroyables. En présence de M. Lepic qui lit son journal et ne nous regarde même pas, je prends ma mère qui s'offre et je rentre dans le sein dont je suis sorti. Ma tête disparaît dans sa bouche. C'est ma jouissance infernale. »

JULES RENARD, *Poil de carotte*

« Ce qui me mettait très mal à l'aise avec ces filles d'honneur, c'est qu'elles ne se gênaient absolument pas devant moi, qu'elles me traitaient comme si je n'existais pas. Elles se dévêtaient entièrement ou passaient une chemise en ma présence, alors que j'étais sur leur table de toilette, juste en face de leur corps nu – spectacle qui, bien sûr, loin de m'induire en tentation, ne provoquait en moi d'autre réaction que l'horreur et le dégoût. Leur peau m'apparaissait si grossière et inégale, si bizarrement tachetée quand je la voyais de près, avec parfois un grain de beauté aussi large qu'une assiette et couronné de poils plus gros que des ficelles, pour ne rien dire du reste de leur anatomie… Elles n'avaient point de scrupule non plus à se soulager devant moi des liquides qu'elles avaient bus, c'est-à-dire d'au moins la valeur de deux barriques. La plus jeune des filles d'honneur, une plaisante luronne de seize ans, s'amusait parfois à me mettre à cheval sur la pointe de son sein, ou à d'autres petits jeux, que le lecteur voudra bien me pardonner de passer sous silence, mais qui me déplaisaient affreusement. »

JONATHAN SWIFT, *Les Voyages de Gulliver*

JALOUSIE FRATERNELLE : *Le Maître de Ballantrae* de Stevenson, *Pierre et Jean* de Maupassant, *Le Duel* de Conrad… entre tant d'autres.

KIDNAPPING : « "Antoine Charnelet, mon petit, dit l'étranger avec beaucoup d'émotion dans la voix, tu as donc perdu ta bonne ? N'aie pas peur, je suis déjà ton ami et tu vas voir que tu me connais. Veux-tu monter dans ma voiture ?"

C'est une magnifique limousine […]

"Veux-tu venir chez moi en attendant qu'on retrouve ta bonne ?" – Et il regarde l'enfant avec un naturel et une simplicité si intenses qu'Antoine n'est pas étonné de sauter dans la voiture sans donner d'autre réponse. »

JULES SUPERVIELLE, *Le Voleur d'enfants*

LIMBE DES ENFANTS : « Un petit enfer plus doux », selon Michelet, où pleuraient les enfants qui n'avaient pas eu le temps de recevoir le sacrement du baptême, l'eau lustrale qui les laverait du péché originel.

« Qui nous engendre, nous tue [...] La masse dont nous sommes formés étant infectée dans sa source, elle empoisonne notre âme par sa funeste contagion. Ce vice originel règne dans les enfants nouvellement nés. Ce n'est pas tout : le diable, par ce péché, pénètre jusqu'aux ventres de nos mères. »

BOSSUET, fidèle à saint Augustin

LOUP-GAROU : « Ils ont un grand goût pour la chair fraîche, étranglent les enfants, les mangent de bon appétit.

La plupart de ceux qui parlent du loup-garou ont eu l'occasion de le voir et en racontent des choses à faire frémir. »

PIERRE LAROUSSE,
Grand dictionnaire universel du XIXe siècle

MAC MICHE CIRCUS : Cruautés en tout genre. Un chat jeté mort dans la soupière. Deux diables sur les fesses endolories du petit Charles qui terrorisent la mère Mac Miche. Coups de fouet. Convulsions. Crise de nerfs. La comtesse née Rostopchine – un nom qui claque – s'en donne à cœur joie. Là-haut le Bon Dieu veille.

COMTESSE DE SÉGUR, *Un bon petit diable*

Maltraitance des enfants : lire les journaux, consulter les juges des enfants. Fréquenter les tribunaux. Se souvenir de David Copperfield, de Cosette, du pénitencier des *Thibault*, de « Chasse à l'enfant » de Prévert.

Des adultes : écouter les professeurs des collèges de banlieue, SOS Parents battus (à venir).

Des uns et des autres : malades, médecins, clients des avocats, voisins procéduriers, employés harcelés, domestiques, esclaves, clochards, prisonniers…

Mères :

« Et ne connais-tu pas l'implacable Agrippine ?
[…] malgré ses injustices
C'est ma mère, et je veux ignorer ses caprices. »

Racine, *Britannicus*

Œdipuskomplex : « Si le petit sauvage était abandonné à lui-même, qu'il conservât toute son imbécillité et qu'il réunît au peu de raison de l'enfant au berceau la violence des passions de l'homme de trente ans, il tordrait le cou à son père et coucherait avec sa mère. »

Diderot,
Le Neveu de Rameau

« “Maudit ! maudit ! maudit ! Un jour, cœur féroce, tu assassineras ton père et ta mère !”

[…] Éclatant d’une colère démesurée, il bondit sur eux à coups de poignard ; et il trépignait, écumait, avec des hurlements de bête fauve. Puis il s’arrêta. »

GUSTAVE FLAUBERT,
La Légende de saint Julien l’Hospitalier

« Elle m’appelle son pinson
Elle raconte qu’elle m’aime
Mon lit se trouve près du sien
J’entends gémir cette infidèle

Et puis mon père m’a battu ;
J’avais craché sur sa personne.
Je courbe la tête vaincu :
Je serai plus tard un grand homme
[…]
Mais je viens de dépasser l’âge
Où je surpris la trahison
Papa, maman : c’est un ménage
Moi je suis leur petit garçon. »

RAYMOND QUENEAU, *Chêne et Chien*

OUTRANCE : « Sublime. Christine Villemin, forcément sublime. »

Marguerite Duras, dans le journal
Libération daté du 17 juin 1985,
à propos de la mère du petit Grégory,
soupçonnée d’avoir assassiné son enfant

Pédophilie impériale : « On prête à Tibère des turpitudes telles qu'on ose à peine les décrire ou les entendre exposer, ni à plus forte raison, y croire. Il aurait habitué des enfants à l'âge le plus tendre, qu'il appelait ses "petits poissons", à se tenir et à jouer entre ses cuisses, pendant qu'il nageait, pour l'exciter peu à peu de leur langue et de leurs morsures; on dit même qu'en guise de sein il donnait à téter ses parties naturelles à des enfants déjà passablement vigoureux mais non encore sevrés. »

Suétone, *Vies des douze Césars*

Plus qu'assez : « Un père de famille qui, pendant des années et des années, avait été connu et apprécié pour *son sens exceptionnel* de la famille et qui, un samedi après-midi, par un temps anormalement lourd, il est vrai, avait tué quatre de ses six enfants, s'est justifié devant le tribunal en déclarant que, tout d'un coup, les enfants, il en avait eu plus qu'assez. »

Thomas Bernhard, *L'Imitateur*

Poil... de carotte

Qui va là ? Exclamation poussée, selon Freud et ses successeurs, par l'aîné quand il voit arriver un petit frère.

Qui est là? Question, rarement posée à voix haute, par le cadet qui n'admet pas d'être né après.

Répulsion : « Je n'ai pas eu d'enfants, dont j'ai toujours eu une horreur sans bornes, leur stupidité, leur cruauté, leur bruit. Lorsque l'enfant paraît, je prends mon chapeau et je m'en vais. Être grand-père équivaut pour moi à une déchéance. Quand cela arrive à un de mes amis, je romps toutes relations. »

Paul Léautaud, *Journal littéraire*

Sexualité : « Il n'est pas rare d'entendre les patients raconter des rêves dans lesquels des nouveau-nés, de très jeunes enfants ou des bébés au maillot sont capables de parler ou d'écrire avec une parfaite aisance, de régaler leur entourage de paroles profondes ou de soutenir des conversations d'érudit, de tenir des discours, de donner des explications scientifiques [...] Le désir de devenir savant et de surpasser les "grands" en sagesse et en savoir ne serait qu'une inversion de la situation où se trouve l'enfant. »

L'auteur ajoute en note : « Une observation récente m'a appris que ces rêves illustrent le savoir effectif des enfants sur la sexualité. »

SANDOR FERENCZI,
« Le Rêve du nourrisson savant »

« Il est grand temps que les enfants éclairent les parents sur les mystères de la vie sexuelle. »

KARL KRAUS, *Dits et contredits*

TOLÉRANCE : « Les enfants, ces demi-fous que nous tolérons parmi nous. »

JEAN PAULHAN

UNION : « Ah, cette nuit d'amour ! Merveilleuse, incomparable, nous ne faisions qu'un : Moi. »

Propos de WOODY ALLEN

VALLÈS : « Ma mère dit qu'il ne faut pas gâter les enfants, et elle me fouette tous les matins ; quand elle n'a pas le temps le matin, c'est pour midi, rarement plus tard que quatre heures. »

Première page de *L'Enfant*

« "Tu vas me quitter !" dit-elle en sanglotant. »

Dernière page

Ventre : « Au cours d'un long rêve elle vit sa fille unique, âgée de quinze ans, étendue morte dans une boîte [...] Comme nombre de jeunes femmes, elle n'avait été nullement heureuse quand elle s'était trouvée enceinte et elle avait souhaité plus d'une fois la mort du bébé ; dans une crise de colère, après une scène violente avec son mari, elle avait même frappé son ventre pour atteindre l'enfant. L'enfant mort accomplissait bien un de ses désirs, un désir oublié depuis quinze ans. »

Freud, *L'Interprétation des rêves*

Vipère... au poing

Hervé Bazin

Wiwimacher, également nommé Guillery :

Reproduction d'une planche de Der Struwwelpeter (Pierre l'Ébouriffé)

« Le Dauphin ne veut jamais permettre que la marquise lui touche les tétons ; sa nourrice l'avait instruit, disant "Monsieur, ne laissez point toucher vos tétons à personne, ni votre guillery, on vous la couperait." Le Dauphin s'en ressouvenait.

Éveillé à 8 heures, il appelle Mlle Bethouzay et lui dit : "Zezai, ma guillery fait le pont-levis ; le velà levé, le velà baissé."

À 8 heures et demie, dévêtu et fort gai : "Monsieur, lui dis-je, vous n'avez pas de guillery ?" ; il répond : "Hé ! la velà-ti pas", gaiement, la soulevant du doigt. Mis au lit il se joue à sa guillery. »

Journal d'HÉROARD sur l'enfance
et la jeunesse de Louis XIII
(Les passages cités concernent les années 1601
et 1604, le Dauphin est né en 1601)

X : nés sous x.

Y : Y a plus d'enfants.

Titre d'un volume de la Série Noire

Z : « Alors? pourquoi que tu veux l'être, institutrice?

— Pour faire chier les mômes, répondit Zazie. Ceux qu'auront mon âge dans dix ans, dans vingt ans, dans cinquante ans, dans cent ans, dans mille ans, toujours des mômes à emmerder.

— Eh bien, dit Gabriel.

— Je serai vache comme tout avec elles. Je leur ferai lécher le parquet. Je leur ferai manger l'éponge du tableau noir. Je leur enfoncerai des compas dans le derrière. Je leur botterai les fesses. Parce que je porterai des bottes. En hiver. Hautes comme ça (geste). Avec des grands éperons pour leur larder la chair du derche. »

RAYMOND QUENEAU, *Zazie dans le métro*

*Écouter l'*infans

Tout de suite j'ai fait mien le titre du manuscrit, devenu depuis un livre, que m'avait adressé Jean-Claude Rolland : *Avant d'être celui qui parle*... Les points de suspension laissaient en suspens la réponse à la question : qu'y avait-il *avant*? tout en me donnant l'assurance que l'*infans* ne serait pas oublié. Cet *infans* que depuis bon nombre d'années j'invoque avec insistance dans mes propres livres comme si je ne voulais à aucun prix m'en séparer. D'où vient cette insistance? Peut-être, comme je l'ai raconté ailleurs, du fait qu'au cours de mes premières années, sans être tout à fait mutique, j'ai tardé à parler, préférant le retrait et le secret du silence à ce qui, confusément, devait m'apparaître comme un vain bavardage destiné à « meubler la conversation », selon l'expression de ma mère ou, pis encore, quand j'entendais les propos qu'échangeaient entre elles les « grandes personnes », comme le terrain privilégié de l'hypocrisie, car, quasiment muet, je n'étais pas sourd.

Beaucoup plus tard, du temps où triomphait une sémiologie s'annexant tous les arts, à commencer par la peinture, et même toutes les productions humaines et le moindre de nos comportements, une réticence ne m'a pas quitté et s'est ancrée en moi, à l'égard du *tout-langage*, jusqu'à me faire voir dans le langage lui-même une sorte de prison où voudrait m'enfermer quelque tyran imbu de ses pouvoirs. Face à cette tyrannie j'aspirais à un *hors-langage* où je serais libre. Je refusais l'idée, que je jugeais totalitaire, qui veut que tout ait un sens. Je ne voulais pas être réduit à un sujet de l'Empire des signes. Je revendiquais l'existence d'un territoire du non-sens où pourraient se déployer librement mes émotions, mes passions inexplicables, mes émois furtifs et troublants, mes vagues rêveries, où mes changements d'humeur inattendus – de la gaieté à la tristesse – ne donneraient pas lieu à quelque inquisition. Oui, je ne voulais pas être exproprié de ce territoire muet.

Tout de suite aussi, à la seule vue de ce titre *Avant d'être celui qui parle*..., je me suis mis à espérer que j'allais entendre l'éloge de celui qu'on désigne à tort comme le privé de parole – *in-fans* – alors qu'à mes yeux, ceux qui furent les miens jadis, il a accès par tous ses sens, la vue, le toucher, l'odorat, à tout un monde, le monde sensible, qui n'est pas seulement celui des sensations, mais celui de nos perceptions immédiates, quand elles ne sont pas contaminées par le savoir, celui de nos rêves parfois, quand l'image rêvée s'impose avec une telle force qu'elle nous restitue *in vivo* la présence du disparu. Il se pourrait que ce monde sensible se soit éloigné de nous, au point que nous en sommes coupés et que seul l'*infans*, l'habitant du hors-langage, nous permettrait de le rejoindre, si nous consentions – paradoxe – à l'*écouter*.

Que l'acquisition du langage, propre à l'être humain, soit un gain considérable, je n'allais quand même pas jusqu'à le nier. Mais tout gain se paye d'une perte, tout progrès risque toujours d'effacer, d'abolir ce qu'il y avait avant. Et cet *avant* n'est pas réductible aux premiers mois de la vie. J'étais et je demeure convaincu qu'il perdure, survit pendant tout le cours de notre existence, qu'il oriente nos désirs les plus fous et même les plus sages. J'y vois à la fois la source et l'horizon de notre pensée. Nos pensées, en effet, surtout quand elles prétendent satisfaire les exigences de la rationalité, quand elles veulent obéir à la logique, témoignent de notre incapacité à nous restituer la présence de la « chose ». Et cette présence-là, il nous faut au moins imaginer qu'il fut un temps où nous y avions accès et que ce temps de l'*avant* n'est pas derrière nous.

Il arrive souvent que les mots prononcés par d'autres ou par nous-mêmes nous semblent manquer de consistance, qu'ils sont privés de chair, exsangues. Alors, qu'ils émanent du divan ou de la bouche d'Hamlet – des mots, ce ne sont là que des mots – nous sommes saisis par ce que j'ai appelé la mélancolie du langage. Nous souffrons d'être à une distance infinie de quelque objet perdu mais que nous ne désespérons pas de retrouver, ou, mieux encore, de *trouver*, un objet auquel nous nous refusons à donner un nom mais que nos rêves, ou la peinture, ou la musique, ou la poésie, nous laissent entrevoir.

Le linguiste Roman Jakobson a souligné le fait qu'« un tout petit est capable d'émettre dans son babil une somme de sons qu'on ne trouve jamais réunis dans une seule langue et même dans une famille de langues ». Pas de limites aux pouvoirs phoniques de l'*infans.* Dès l'acquisition des premiers mots, ces pouvoirs s'amenuisent jusqu'à disparaître. La richesse sonore s'épuise au profit de la sélection des phonèmes propres à une langue. Mort annoncée de « l'enfant polyglotte » qu'a évoqué Edmundo Gómez Mango.

J'ai vu là une preuve que l'apprentissage du langage articulé nous coupait de cette pluralité sonore qui n'est pas simple émission de bruits et que tente de retrouver le chant. Pensons aux mères attentives fredonnant une chanson, fût-elle sans paroles, pour que leur enfant s'endorme et qu'il soit préservé de l'effroi du cauchemar.

Avant le narrateur, l'aède : l'histoire que raconte *L'Odyssée* est une succession de chants. Avant le langage, des voix, des voix multiples, singulières, aussitôt identifiables comme si la voix, plus proche que les mots partagés par tous, révélait la personne ; certaines voix rassurent, font naître un sourire, d'autres font affreusement peur ; certaines, trop aiguës nous transpercent, nous « cassent les oreilles », d'autres nous emportent très loin, très haut.

★

Talking cure (il n'est pas sans intérêt que cette définition, toujours reprise, ait été formulée par Anna O., la patiente de Breuer, dans une langue étrangère), cure par la parole, disons plutôt cure *de* la parole car la parole de l'analysant, pour peu qu'elle consente à se déployer et cesse d'être maîtrisée, ne ressemble à aucune autre, tout comme les interprétations de l'analyste se différencient de l'explication et de la traduction (du « manifeste » au « latent ») et son attention en suspens, de ce que nous appelons couramment l'attention qui, elle, se concentre sur un objet.

« Que font-ils ensemble, ces deux-là ? » demandait à Freud un questionneur imaginaire. Réponse : « Ils parlent. » Oui, mais leur conversation n'est pas une conversation ordinaire ; oui, mais même si leur échange n'a pour médium que les mots – et le silence –, c'est un échange qui va bien au-delà des mots prononcés, au-delà de ce que le patient et son analyste croient contrôler. Conversation extra-ordinaire, donc, non, comme on le croit souvent, parce que s'y avoueraient nécessairement des choses jusqu'alors maintenues au secret – l'analyse, contrairement à ce que pensait Foucault, n'a pas pris le relais de la confession – mais parce que parvient à s'exprimer à notre insu de l'inconnu… Une langue muette ou que l'on croyait morte prend vie, l'*infans* parle, l'infantile, qui est autre chose que l'enfance, fait retour. Et alors c'est le langage qui se trouve mis à mal : l'ordre du discours vacille, perd de son pouvoir. La parole ainsi libérée de ses entraves – la parole « associative », qui n'obéit plus au « processus secondaire » – ouvre notre mémoire qui ne se confond plus avec un stock de souvenirs. L'interprétation devient possible en proposant un rapprochement, voire une coïncidence, entre un incident actuel, d'apparence parfois bien anodine et la trace laissée par un événement d'enfance, une trace qui, elle aussi, peut paraître anodine mais est une trace indélébile.

Une fois que l'ordre du discours a perdu son pouvoir contraignant, pouvoir considérable car il commande aussi l'ordre de nos pensées, voici que nous rencontrons un autre pouvoir, celui de la langue. Mais ce pouvoir-là n'est pas contraignant, tout au contraire. Car la langue, toute langue, a des ressources infinies. Non seulement par la pluralité de sens, la polysémie, la polyphonie, qui lui sont inhérentes, pluralité de sens qui n'est pas sans rapport avec la pluralité sonore que j'ai évoquée, mais parce qu'il y a un inconscient de la langue, parce qu'il y a en elle une épaisseur et qu'elle porte ce qu'elle ignore elle-même. La langue est un trésor (je ne me lasse pas de consulter cet inépuisable dictionnaire qu'est le *Trésor de la langue française*).

Je n'ai jamais souscrit à la formule canonique énoncée par Lacan : « L'inconscient est structuré comme un langage. » (Notons le « comme », il n'est pas dit que l'inconscient *est* un langage.) Jean-Claude Rolland, confortant ainsi ma réticence à l'égard de la thèse lacanienne, soutient que l'inconscient est exclu du système linguistique. Il n'ignore pas qu'en fin de compte c'est le jeu antagoniste des pulsions, que c'est la sexualité infantile, tout à la fois anarchique et souveraine et d'où toute « structure » est absente, qui est notre principe *dérégulateur*.

★

Avant d'être celui qui parle… Plus loin dans le livre, la phrase se poursuit : *l'homme est un voyant*. L'enfant qui ouvre les yeux sur le monde, qui l'*invente* dans ce mouvement qui le lui fait en même temps découvrir et créer, cet enfant-là n'est pas pour autant un voyant. Là où il est voyant, c'est dans ses rêves, quand ses yeux se ferment pour s'ouvrir ailleurs, et même, peut-on penser, dans certaines de ses perceptions proches de l'hallucination. Freud n'a-t-il pas parlé d'hallucination primitive pour désigner ce moment que connaît le tout-petit où l'objet (le sein maternel ?) se dérobe à ses prises ? Ou, plus tard, quand la personne de la mère s'éloigne – va-t-elle disparaître à jamais ? Paradoxalement, l'absence peut se convertir en présence, c'est ce que montre le jeu de la bobine décrit par Freud observant son petit-fils, le jeu du *Fort-Da* : tu es partie, tu m'as quitté et maintenant tu es là, c'est moi qui te fais être là. La situation s'est renversée : la détresse se transforme en victoire, en l'illusion (?) d'un triomphe. Alors, l'enfant qui s'est cru perdu est un voyant.

Et nous, avons-nous renoncé à l'être en devenant sujets assujettis au langage ? Renoncement, c'est un mot peu aimable. Pourtant nous avons renoncé à obtenir « tout tout de suite » (encore que…), nous avons abandonné nos premiers objets d'amour qualifiés d'œdipiens (encore que…) pour en investir d'autres, nous avons vite réalisé qu'aucun de nos désirs ne pouvait être *pleinement* satisfait (encore que…)

Mais notre don de voyance, nous ne souhaitons pas y renoncer. Alors nous le déléguons, non aux « voyantes » professionnelles, mais aux peintres, à ces quelques poètes, à ces écrivains, un peu fous ou très fous comme Artaud, qui voient ce que nous avons perdu le pouvoir de voir si nous ne sommes plus que des observateurs.

Dans le livre de Rolland, je viens de relire les pages qu'il consacre à l'énigmatique autoportrait d'Henri Rousseau, étiqueté « Douanier » alors qu'il ne fait barrage à rien mais favorise au contraire tous les passages du « naïf », de l'infantile, de l'animal, du végétal, de la jungle vers ce qu'il y a de plus humain.

Certes, il existe une sorcellerie de l'image, elle peut fasciner, envoûter. Mais pour ne pas céder à l'idolâtrie du langage j'y tiens, à notre sorcière image; sans elle il n'existerait pas d'œuvre d'art. La réalité est si peu ensorcelante. Elle désenchante le monde, elle conduit au désespoir. Quand parole et image parviennent, au lieu de se discréditer mutuellement, à se joindre, le chant de la vie a une chance de se faire entendre à nouveau, l'espoir renaît.

L'autographe

De celui qui déclare d'un ton péremptoire : « Moi, je pense que… », vous pouvez être certain 1. qu'il ne pense pas, 2. qu'il revendique un jugement qui lui serait propre alors qu'il exprime l'opinion la plus commune dont il se fait l'écho à son insu, 3. qu'il est si peu assuré de son existence qu'il met en avant Moi et, pour faire bonne mesure, l'accole à Je.

Il n'y a pas plus vantard, plus inconsistant et plus conformiste que cet homme-là.

« Le Moi ne joue-t-il pas le rôle du stupide auguste du cirque qui met son grain de sel partout pour que les spectateurs croient que c'est lui qui dirige tout ce qui se passe ? », écrit Freud à Jung. À quoi feront écho ces mots fameux de Cocteau : « Puisque ces mystères me dépassent, feignons d'en être l'organisateur. »

Nous avons connu un temps, jamais révolu, où affirmer l'existence de son Moi était une conquête, une première manifestation d'indépendance. Fierté de l'enfant proclamant : « Tout seul, je l'ai fait, moi tout seul. » Cela va de pair avec la revendication : « C'est à moi » quand un autre enfant tente de s'emparer de l'un de ses jouets.

Mes propriétés : avoir et être, posséder et s'affirmer ne font alors qu'un.

Bipartition du Moi et du Non-Moi. Voir, entre autres, le texte de Freud *Die Verneinung* (*La Négation*) : « Cela, je veux l'introduire en moi, cela l'exclure hors de moi. » Les termes qu'utilise Freud sont violents : cracher, jeter dehors.

Le Moi se constitue dans le temps même où le Non-Moi est rejeté. Conséquence : l'autre identifié au Non-Moi est d'abord perçu comme l'étranger tout juste bon à être craché. Jusqu'au moment où nous découvrons notre propre altérité. Si cette altérité en soi n'est pas reconnue, la voie est toute tracée vers la paranoïa !

« Nous ne pouvons aimer que ce qui, en nous, n'est pas nous. » C'est ce que répond Pascal à ceux que remplit d'effroi la seule idée que le Je puisse être un autre.

Quand vous dites « Moi je » – cela peut arriver à chacun de nous – et que vous assimilez Moi et Je, vous célébrez le triomphe de votre Moi et laissez peu de chances au Je de se manifester.

Quand vous vous regardez dans un miroir vous avez souvent de la peine à vous reconnaître : « C'est moi, ça? » L'expérience est encore plus troublante quand, marchant dans une rue, vous apercevez votre reflet sur la vitre d'un magasin. Vous connaissez alors un petit moment d'inquiétante étrangeté.

Quand vous avez sous les yeux une photographie de vous prise dans des temps lointains – enfance, jeunesse –, parfois vous êtes heureux d'y retrouver vos traits d'aujourd'hui. Mais c'est rarement le cas : vous avez du mal à imaginer que vous avez été cet enfant rieur avec une frange lui couvrant le front, ce premier communiant aux cheveux gominés, ce jeune homme quelque peu mélancolique se promenant le long de la Seine, ce trentenaire feignant d'être sûr de lui alors qu'il l'était si peu... Vous oscillez entre un sentiment rassurant de continuité (j'ai beau avoir changé, tout compte fait je suis toujours le même) et celui d'une discontinuité radicale, comme si votre vie n'était qu'une succession de pertes, de séparations, que chacune de ses étapes vous séparait de la précédente, que vous n'aviez aucune identité stable et n'étiez qu'une série de personnages en quête d'auteur.

Quand j'avais dix-huit ans et que je me destinais à la philosophie, j'ai lu de Sartre « La Transcendance de l'ego », un texte publié en

1936 dans *Recherches philosophiques.* Douze ans plus tard, quand je me suis orienté vers la psychanalyse, j'ai lu « Le Stade du miroir » de Lacan. Entre ces deux écrits j'ai vu aussitôt une convergence.

Incapable de suivre la pensée de Sartre dans sa complexité, je n'en retins que la thèse centrale : « L'Ego est dehors, dans le monde, c'est un être du monde, comme l'Ego d'autrui. » Tout excité par ce qui m'apparut comme une découverte – c'était donc ça, le Moi. Le mien, qui était bien loin de me satisfaire, mais je n'en avais pas d'autre à ma disposition, n'était qu'un « objet psychique », je me souviens avoir entrepris, suivant l'exemple de Michel Leiris dans *L'Âge d'homme*, lu à la même époque, de décrire ce Moi-objet dans son aspect visible, mon corps, mon apparence, aussi bien que dans son aspect invisible, mes rêveries, mes fantasmes, des songes énigmatiques, comme si c'était un autre que j'observais à distance. À cette sorte d'autoportrait je mêlais les portraits de mes camarades de classe, encore moins complaisants. Je ne voyais aucune différence entre la connaissance, ou la méconnaissance, de soi et celle d'autrui.

Avec « Le Stade du miroir », j'allais un peu plus loin dans la même direction : le Moi était une instance imaginaire, une fiction, quelque chose comme un assemblage hétéroclite d'identifications auquel, sans jamais y parvenir, chacun s'efforçait de donner une unité. Vaine synthèse. Mais ce qui me gênait chez Lacan quand j'assistais, semaine après semaine, à son séminaire du mercredi à Sainte-Anne, c'est qu'il ne paraissait pas, lui, tenir son Moi pour si imaginaire que ça ! Il exhibait son col Mao, son cigare torsadé, il alternait savamment soupirs et provocations adressées à son auditoire, nous entraînait dans la spirale de sa parole en perpétuel suspens. Tel un acteur, il captivait son public. La plupart d'entre nous étaient séduits, d'autres littéralement fascinés. Nous étions son miroir complaisant.

Sartre, lui, en imposait d'une autre manière. Sa parole était tranchante, sa pensée affirmative. Pas comédien pour un sou, le petit homme, à l'opposé du grand Autre. Aucun souhait de se faire des disciples qui deviendraient bientôt des perroquets. Mais, même s'il a souvent déclaré vouloir penser contre lui-même, ce qu'il pensait dans le temps où il le pensait avait valeur de certitude, n'entamait pas sa force persuasive. Avatar du *Cogito* cartésien : je suis, moi, Sartre, donc je pense. Je n'arrête pas de penser, je n'arrête pas d'écrire.

Ambiguïté du mot « sujet ». Le monarque a des (ses) sujets. Mais, dans l'autre sens du mot, celui qui nous importe aujourd'hui, il est le seul sujet, à savoir, surtout s'il est de droit divin, celui qui a la légitimité de dire « Je ». Sujet souverain. Au point que le monarque, ou l'égocrate, peut dire « Nous », englobant ainsi en sa seule personne tous ceux, son peuple, sur lesquels il règne.

Il est l'Un. Les autres dans leur multiplicité d'individus, séparés de l'Un, dispersés, sont, volontairement ou non, soumis à l'Un (voir La Boétie). Pas de Je pour eux, à peine un Moi, timide, effrayé. Jusqu'au jour de la révolte : « Un jour les frères se rassemblèrent et mirent à mort le père » (voir *Totem et Tabou*). Alors chacun a une chance de pouvoir dire Je. Révolution du mot « sujet ».

Quand Polyphème le cyclope demande à Ulysse son nom, la réponse est *Outis*, personne. Cette réponse va le sauver. Le Je n'est pas quelqu'un, il n'a pas de carte d'identité. Et pourtant c'est en me désignant comme *Outis* que je me rends unique, différent de tous les autres et d'abord de moi-même.

Qui je... ? C'est le titre que Jean-Claude Lavie a donné à l'un de ses livres. Un point d'interrogation que précèdent des points de suspension. Le Je est en suspens.

Je pense aux parties de cache-cache de notre enfance : plaisir de se cacher, d'être hors d'atteinte des autres, mais quel désarroi si, au bout d'un temps, lassés, ils renoncent à vous trouver et vous laissent seul, abandonné, comme perdu dans l'ombre d'un bosquet.

« J'ai beaucoup rêvé d'arriver seul dans une ville étrangère, seul et dénué de tout. J'aurais vécu humblement, misérablement même. Avant tout, j'aurais gardé le *secret.* Il m'a toujours semblé que parler de soi-même, me montrer pour ce que j'étais, c'était précisément trahir quelque chose de moi, et le plus précieux » (Jean Grenier, *Les Îles*).

Le psychanalyste anglais Winnicott différencie le « vrai *self* » du « faux *self* ». Cette distinction peut ne pas nous satisfaire dans la mesure où elle fait appel à des notions, le vrai et le faux, bien difficiles à cerner, mais elle rejoint à sa manière celle que nous cherchons à opérer entre le Moi et le Je. Elle diffère de l'opposition classique entre le « Moi social » et le « Moi profond ». Le « vrai *self* » est caché, il n'est pas ce qui est mis en avant, ce que nous offrons au regard des autres et à notre propre regard afin de nous conformer tant bien que mal à ce qui est attendu de nous. Oui le « vrai *self* » est invisible, il lui arrive d'apparaître quand le Moi vacille, défaille et que le socle qu'il constitue se dérobe sous nos pieds. Paradoxe : le « faux *self* » masque le vrai autant qu'il le protège. Question : comment être sûr que sous le masque, il n'y a pas un autre masque ?

Au sortir de l'enfance, on se cherche une signature, on en essaye plusieurs. On les raye jusqu'au moment où l'on se satisfait, plus ou moins, de l'une d'elles. Elle pourra varier sensiblement au fil du temps, devenir à peine lisible comme si j'étais le seul à m'y reconnaître.

Je persiste et signe. Tant que je signe, que j'inscris cette trace, je persiste. Un ami m'a confié un jour qu'il souhaitait que sur sa tombe, plutôt que son nom, son prénom, les nombreuses distinctions honorifiques qu'il avait reçues, figure sa seule signature. Était-ce là la marque d'un orgueil démesuré ou bien l'espoir insensé qu'en posant sa signature sur la dalle de la sépulture, elle au moins ne s'effacerait pas? La sienne à jamais.

Variété de ce qu'on nomme aujourd'hui les écritures de soi : Mémoires (modèle : Chateaubriand; émule : de Gaulle), Confessions (archétype : Rousseau, religion de l'aveu qui innocente), Journaux et écrits intimes (Amiel, exemple à ne pas suivre; Stendhal se voulant sténographe de ses émotions et de ses pensées, cachant et dévoilant ses secrets et s'interrogeant : « Écrit-on pour soi? J'ai peine à le croire »; le Journal si singulier de Michelet; celui du vieil Hugo recourant à un langage codé par crainte de Juliette; les Journaux vachards de Jules Renard et de Léautaud; celui de Gide, loin de tout dire; tant d'autres...)

Mémoires : pour peu qu'on s'accorde beaucoup d'importance et qu'à tort ou à raison on soit convaincu d'avoir marqué son siècle. Un genre réservé aux grands – hommes d'État, chefs militaires, acteurs célèbres. La piétaille, le quidam n'y ont pas accès.

Journaux intimes : certains, selon le mot de Pierre Pachet, sont des « baromètres de l'âme » – humeur joyeuse, asthénie, mélancolie. Ou du corps – rhume carabiné, douleur cardiaque, maux d'estomac, le diariste est vite gagné par l'hypocondrie. D'autres ressemblent à un agenda : rendez-vous, rencontres amoureuses, amicales, sexuelles, liste de lectures, de films… Parfois, juste des notations de greffier, un aide-mémoire, histoire de ne pas oublier que ce mois-là on a séjourné dans telle région, visité tel musée.

Dans un Journal, je consigne, je dépose à la consigne ce qui est arrivé à mon Moi. C'est par curiosité, une curiosité proche de celle d'un voyeur, que je lis de temps à autre des Journaux d'écrivains pour me replonger vite dans la lecture de leur œuvre. Mais, je l'avoue, ma lecture sera alors différente, modifiée, faussée par ce que j'ai appris de la *réalité* de l'homme, avant de reconnaître que sa *vérité* réside dans ses fictions.

Une exception à ce que je viens de dire des écrits intimes : les *Cahiers* de Valéry. C'est qu'ils ne relèvent pas de l'intime, c'est que j'y vois s'énoncer ce qu'il appelle, recourant à des mots d'une autre langue, son *self language.* Le Je de Valéry, le *self language,* cette langue privée, secrète est souvent obscure à nos yeux et à ses propres yeux ; comme celle du rêve, elle échappe à la langue partagée. Dans les marges des *Cahiers,* souvent des petits dessins, des formules mathématiques, des signes étranges, tels des hiéroglyphes. Ce Valéry-là, si éloigné du brillant essayiste, et même du poète maître de ses mots, écrit à l'aube dans un moment de solitude extrême et bienvenue, entre l'éveil du jour et cet autre éveil que favorisent nos rêves, ces enfants de la nuit. Valéry – je préfère alors l'appeler Paul-Ambroise – ne cherche pas dans le nocturne une extension de l'imaginaire mais un surcroît d'intelligence. Une intelligence insolite venue d'une région lointaine, inconnue, celle du Je peut-être.

À plusieurs reprises, dans mes livres, j'ai avancé le mot d'autographie sans être assuré de ce qu'il recouvrait tout en étant assez fier de ma trouvaille ! De là est né le projet de nous réunir avec quelques amis afin d'y voir plus clair. L'accord se fit vite sur deux points : il ne s'agissait ni d'autobiographie ni d'autofiction (malgré nos efforts, nous ne parvenions pas à savoir ce que signifiait au juste ce terme dont se prévalent certains auteurs) ; il ne s'agissait pas non plus d'un genre littéraire à ajouter à ceux déjà répertoriés. Ni, ni, mais alors, quoi ? L'autographie ne pouvait-elle se définir que par ce qu'elle n'était pas ? Quelle présomption de ma part que d'avoir cru voir en elle la finalité méconnue de tout acte d'écrire !

Plus nos échanges se prolongeaient, plus ce qui devait être notre objet se dérobait à nos prises : une ligne d'horizon qui reculait toujours, hors d'atteinte, un point de fuite, une origine, quelque chose comme ce que Freud a nommé « l'ombilic du rêve ».

Les formulations qui venaient aux membres de notre petit groupe restaient confuses, approximatives. Pourtant, nous y tenions, dur comme fer, à notre autographie. Au départ, nous avions même la ferme intention de produire un ouvrage collectif où chacun des participants aurait pu développer ses vues sur la question. Les lieux ensoleillés où nous nous sommes réunis – un vieux village en Suisse, la terrasse d'une maison amie en Bourgogne – favorisaient, le vin aidant, l'enthousiasme… ou l'illusion.

Ce projet n'aboutit pas et rétrospectivement nous y vîmes le signe que le mot (surtout ne pas en faire un concept) d'autographie pourrait bien n'être qu'une coquille vide, n'abritant aucune perle. Mais voici qu'aidé par une lectrice attentive au point d'avoir relevé dans mes écrits les diverses occurrences où apparaît le mot autographie j'en viens à me convaincre que la coquille, à défaut d'abriter une perle, n'était pas tout à fait vide.

Je me dis que si nous n'étions pas parvenus à définir des contours à l'autographie, à saisir ce que visait notre enquête, il y avait une raison à cela : comment l'enquête aurait-elle pu s'emparer de ce qui était insaisissable, saisir le Je ou du moins ce Je hors frontières du Moi, hors frontières de toute forme de discours ? Je m'accrochais à une définition proche d'une tautologie : l'autographie est graphie de soi qui crée un Je par l'écrit. Et je retournais vers le Valéry des *Cahiers*, vers Michel Leiris qui, après *L'Âge d'homme* où apparemment il avait fait le tour de lui-même en se décrivant comme l'ethnologue qu'il était examine une société différente de la sienne, avait ressenti la nécessité de *s*'écrire, et ce furent les quatre volumes de *La Règle du jeu* (ou du *Je*...)

À ce Je insaisissable, toujours prêt à s'effacer, à s'évanouir, mais actif, à ce Je excentré – il n'est pas un centre mais une source – j'ai donné un nom, l'*infans* : à celui, à ce qui n'a pas de nom. L'*infans* n'est pas l'enfant que nous avons été et qui demeure vivace en nous, il n'a pas d'âge, il est atemporel, hors du temps calendaire, comme l'inconscient ; il n'est pas ce petit infirme souffrant d'être dénué de parole. Ce dont il souffre, c'est bien plutôt de l'infirmité native du langage, du langage articulé, celui de l'information, de la communication, et même de la narration. L'*infans* ne se soucie pas de cohérence, il cherche seulement à faire entendre sa voix. Cette voix qu'ignorent les autres, il ne la connaît pas lui-même, elle ne lui est pas familière, c'est une voix qui lui est étrangère bien qu'elle émane de lui ; elle exige inlassablement d'être accueillie, entendue par des inconnus avec qui, peut-être, elle entrera en résonance pour peu qu'ils n'aient pas tué l'*infans* en eux. Pour certains – j'aimerais être du nombre – écrire a pour source l'insistant désir de faire parler l'*infans* afin de s'approcher au plus près de notre aphasie secrète.

Je dédie ces quelques pages à Edmundo, l'auteur d'*Un muet dans la langue* et je sais gré à l'auteur de *Vie secrète*, de *Sur le jadis*, Pascal Quignard, de savoir par l'écrit donner la parole à l'*infans*.

Après

C'est un malade de l'anticipation. Il le sait. Mais connaître le nom de sa maladie ne le guérit pas, ça l'aggraverait plutôt.

Il est toujours en avance sur le moment présent. Il prévoit ce qu'il va faire dans l'heure qui suit, il est déjà à ses rendez-vous du lendemain, il consulte à plusieurs reprises son agenda pour vérifier la date des réunions auxquelles il doit participer le mois prochain, il lui arrive même d'avoir en tête, bien préparé, ce qu'il dira ce jour-là. Bien avant son départ en vacances, il établit une liste de ce qu'il mettra dans sa valise, il imagine ce qu'il fera le jour de son arrivée, son installation dans la maison louée, sa première baignade. Pour la suite, c'est plus vague et cela l'inquiète. Dès que son temps cesse d'être quadrillé, il est troublé, il a le sentiment de perdre pied. Il se souvient combien, durant les années de lycée, il aimait « l'emploi du temps » qui était indiqué aux élèves : de 8 à 10 heures, français, puis récréation, de 11 heures à midi, langue vivante, et ainsi de suite tout au long de l'année. Dates des vacances, de la rentrée, tout était prévu. Bien en place, à l'avance.

Il redoutait plus que tout ce qu'il appelait les heures creuses, le temps mort. « Les temps morts, ça me met hors de moi. » Et l'attente : celle de l'autobus, des trains en retard, devant l'entrée d'un cinéma, chez le médecin. Sa femme lui reprochait son impatience. Il lui répondait qu'il n'aimait pas perdre son temps. *Son* temps, comme si le temps lui appartenait et qu'il avait, lui, le pouvoir de le maîtriser. Il oubliait, non, il ne l'oubliait pas, qu'un pouvoir lui faisait défaut, celui de maîtriser la mort, maître absolu.

Être en avance sur le moment présent. Mais le moment présent existait-il ? Ce moment où, soudain, il pouvait lui arriver quelque chose d'imprévisible.

Si c'était l'Histoire qui nous apprenait à découper le temps, à nous imposer des avant et des après ? Avant et après la Révolution française, l'avant et l'après-guerre, avant et après la colonisation, avant et après la Shoah, avant la mondialisation…

Ce temps-là ne se confond pas avec celui de nos histoires individuelles. Nous le découpons aussi mais autrement : c'était avant ou après la mort de mon père, c'était avant ou après ma rencontre et ma rupture avec Jeanne, c'était avant ou après mon long séjour à l'étranger, c'était avant ou après la naissance de mes enfants... Nous avons beau ne pas nous identifier à ce découpage en périodes, en tranches de vie, nous avons beau chercher et trouver une certaine continuité dans notre existence, n'empêche que nous avons tendance, comme le font les biographes dans la succession des chapitres – enfance, années de jeunesse, voyages, maturité, derniers jours – à découper le temps et à privilégier des événements qui ont modifié le cours de notre vie. Nous procédons, nous concernant, tout comme la grande Histoire, à une division en périodes, dates mémorables, défaites et victoires, années sombres et ensoleillées, échecs et succès.

Nous voulons être à la fois, tout au long de notre traversée, le même et un autre, différent, renouvelé, un homme ancien et un homme nouveau.

Fantasme courant et parfois réalisé : tout quitter, pays, métier, femme et enfants, « repartir de zéro » pour connaître une nouvelle vie, au Mexique ou à Zanzibar !

Fabriquer un homme nouveau : ce fut un rêve collectif. Du passé faisons table rase. Promesse d'un avenir radieux, d'un paradis sur terre. Rêve proprement démiurgique qui fut celui des régimes totalitaires.

Paul Nizan, je crois, était convaincu que l'avènement du communisme délivrerait de la crainte de la mort.

Rompre avec l'ancien. Décréter un commencement premier. Instaurer un nouveau calendrier. La Convention en 1793 invente le calendrier républicain : brumaire, frimaire, pluviôse… germinal, thermidor… Ancien régime, nouveau régime du temps. Autre forme de découpage. On n'y échappe pas.

Nous n'aspirons pas à l'éternité, sinon à celle de l'instant. Nous ne souhaitons pas être immortels mais nous avons la capacité d'être atemporels pour peu que demeurent présents en nous tous les âges de la vie et que nous nous refusions – je renouvelle un vœu formulé tout au long de ce livre en doutant qu'il ait la moindre chance d'être exaucé – à découper le temps.

Comme souvent c'est un enfant qui pose la question toute simple – et pourtant elle suscite en moi un léger vertige : « Est-ce qu'aujourd'hui sera hier, demain ? »

Certains textes qui figurent dans ce livre ont fait l'objet d'une précédente publication. On les retrouve ici sensiblement remaniés.

En voici la liste :

« Quand? » paru dans le numéro 19 de la revue *Penser / Rêver* (Éditions de l'Olivier), sous le titre « C'était mieux avant », 2011.

« Oublieuse Mémoire », paru hors commerce en supplément à la Lettre de l'Imec, collection Le lieu de l'archive, 2011.

« De la réminiscence à la répétition », préface à *Huit Études sur la mémoire et ses troubles*, Sigmund Freud, Gallimard, 2010.

« Cet âge (mais lequel?) est sans pitié », paru sous le titre « Glossaire en forme d'abécédaire » dans le numéro 6 de la revue *Penser / Rêver* (Mercure de France, intitulé « La haine des enfants », 2004).

« Écouter l'*infans* » a trouvé son point de départ dans ma préface au livre de Jean-Claude Rolland, *Avant d'être celui qui parle*, Gallimard, 2006. Il en reprend quelques passages.

« L'Autographe », paru dans le numéro 598 de *La Nouvelle Revue française*, dirigé par Philippe Forest, ayant pour titre *Je & Moi*, octobre 2011.

Les dix autres textes sont inédits.

DU MÊME AUTEUR

Aux Éditions Gallimard

APRÈS FREUD, 1968, « Les Essais »; « Idées », *n° 237* (Tel n° 223, nouvelle édition revue et augmentée d'un post-scriptum en 1993).

ENTRE LE RÊVE ET LA DOULEUR, 1977, « Connaissance de l'Inconscient » (Tel n° 81).

LOIN, 1980 (Folio n° 2332).

L'AMOUR DES COMMENCEMENTS, 1986. Prix Femina-Vacaresco. (Folio n° 2571, avec un post-scriptum inédit en 1994).

PERDRE DE VUE, 1988, « Connaissance de l'Inconscient » (Folio Essais n° 351).

UN HOMME DISPARAÎT, 1996 (Folio n° 3122).

CE TEMPS QUI NE PASSE PAS *suivi de* LE COMPARTIMENT DE CHEMIN DE FER, 1997, « Connaissance de l'Inconscient, série Tracés » (Folio Essais n° 392).

L'ENFANT DES LIMBES, 1998 (Folio n° 3463).

FENÊTRES, 2000 (Folio n° 3642).

EN MARGE DES JOURS, 2002 (Folio n° 3922).

TRAVERSÉE DES OMBRES, 2003. Prix Valery Larbaud (Folio n° 4294).

PARLER AVEC L'ÉTRANGER, ouvrage collectif, 2003, « Connaissance de l'Inconscient, série Tracés ».

FRÈRE DU PRÉCÉDENT, 2006. Prix Médicis Essais (Folio n° 4608).

LE ROYAUME INTERMÉDIAIRE, ouvrage collectif, 2007 (Folio Essais n° 491).

ELLES, 2007 (Folio n° 4799).

LE SONGE DE MONOMOTAPA, 2009 (Folio n° 5139).

EN MARGE DES NUITS, 2010 (Folio n° 5288).

UN JOUR, LE CRIME, 2011 (Folio n° 5448).

AVANT, 2012 (Folio n° 5628).

FREUD ET LES ÉCRIVAINS, avec Edmondo Gomés Mango, 2012, « Connaissance de l'Inconscient ».

MARÉE BASSE, MARÉE HAUTE, 2013.

Dans la collection « À voix haute »

UNE LECTURE ÉGOÏSTE, par Daniel Pennac, 2006.

Chez d'autres éditeurs

VOCABULAIRE DE LA PSYCHANALYSE (avec Jean Laplanche), 1967, *Presses Universitaires de France* (Quadrige).

FANTASME ORIGINAIRE, FANTASMES DES ORIGINES, ORIGINES DU FANTASME (avec Jean Laplanche), 1985, *Hachette,* coll. « Textes du XXᵉ siècle » (Pluriel).

LA FORCE D'ATTRACTION, 1990, *Éditions du Seuil,* coll. « La Librairie du XXᵉ siècle » (Points essais n° 400).

LE DORMEUR ÉVEILLÉ, 2004, *Mercure de France,* coll. « Traits et portraits » (Folio n° 4369).

PASSÉ PRÉSENT, ouvrage collectif, 2007, *Presses Universitaires de France,* coll. « Petite bibliothèque de psychanalyse ».

Composition Floch
Impression Maury-Imprimeur
45330 Malesherbes
le 3 août 2013.
Dépôt légal : août 2013.
Numéro d'imprimeur : 183138.

ISBN 978-2-07-045267-5. / Imprimé en France.

251519